KB185103

행복한 인생은
매일 긍정적인 감정을
느끼는 데서 시작된다

그러니
부정적인 감정은
빨리 해소하자

심적
부담을 줄이고
우울한 감정은
털어버리자

마음속
미움과 분노를
버리자

나는 오늘부터
내 감정에 지지 않기로 했다

나는 오늘부터
내 감정에
지지 않기로 했다

개정 1판 1쇄 인쇄 2024년 11월 20일
개정 1판 1쇄 발행 2024년 11월 25일

지은이 | 리스창
옮긴이 | 이지수
펴낸이 | 최윤하
펴낸곳 | 정민미디어
주 소 | (151-834) 서울시 관악구 행운동 1666-45, F
전 화 | 02-888-0991
팩 스 | 02-871-0995
이메일 | pceo@daum.net
홈페이지 | www.hyuneum.com
편집 | 미토스
본문디자인 | 디자인 [연;우]
표지디자인 | 강희연

ⓒ 정민미디어

ISBN 979-11-91669-83-1 (03320)

※ 잘못 만들어진 책은 구입처에서 교환 가능합니다.

나는 오늘부터
내 감정에
지지 않기로 했다

리스창 지음 | 이지수 옮김

정민
미디어

오늘날, 나날이 치열해지는 경쟁 속에서 개개인이 받는 압박과 스트레스가 증가하고 있다. 그러다 보니 어느새 일상은 근심, 걱정, 우울, 원망 그리고 원인을 알 수 없는 분노 등의 부정적 에너지로 가득 차게 되었다. 많은 사람은 이러한 감정을 자기도 모르게 가까운 주변 사람들에게 분출하고는 원망을 듣는다. 그러고는 내가 왜 그런 말을 했을까, 왜 그런 행동을 했을까 후회한다. 하지만 이미 엎질러진 물이다.

누구나 이런 경험이 있을 것이다. 기분이 좋을 때는 모든 것이 멋지고 근사해 보인다. 이럴 때는 별로 좋아하지 않았던 사람에게도 호감이 생기고, 마음에 들지 않던 일도 너그러이 이해하게 된다. 반면, 기분이 좋지 않을 때는 눈앞에 산해진미가 차려져 있어도 입맛이 없고 멋진 풍경이 펼쳐져 있어도 안중에 없다. 심지어 온갖 이유를 들어 주변 풍경과 환경을 비하하기도 한다. 이럴 때는 단짝 친구의 말조차 가시 같다. 이렇듯 사람의 감정은 그 영향력이 대단하다.

이런 말이 있다.

'태어나고(生) 살아 있는 것(活)은 쉽지만 매일을 살아가는 것(生活)은 어렵다.'

누구나 살아가면서 근심 걱정에 시달리고 때때로 곤란한 일을 겪으며 좌절과 실패를 경험한다. 이미 벌어진 일은 되돌릴 수 없으니 우리는 미래에 대비해야 한다. 물론 미래에 어떤 일이 어떻게 벌어질지 정확히 예측할 수 없겠지만, 적어도 어떤 일이 벌어졌을 때 마음을 다스릴 수는 있다. 감정을 제어하는 사람은 자신의 운명을 손에 쥐고 어떤 일이 벌어져도 적절히 대처할 수 있다.

감정의 힘은 매우 강력해서 살아가는 매 순간 영향을 준다. 그러므로 감정을 조절하는 법을 배워야 한다. 이는 인생을 살아가는 데 아주 중요한 과제다. 감정은 사람의 심리와 언행에도 영향을 미친다. 그래서 좋은 감정을 느끼면 어떤 일을 하든 긍정적인 기운과 밝은 에너지를 발산한다. 이는 곧 행동으로 이어져 뜻밖의 좋은 결과를 이끌어낸다. 반대로 부정적인 감정에 휩싸여 있다면 무슨 일이든 주저하고 비관하며 불안과 초조함 등의 부정적 에너지를 발산한다. 이러한 에너지는 성공으로 향하는 길을 막아서는 걸림돌이다. 따라서 스스로 고치지 않으면 돌이킬 수 없는 심각한 결과를 낳는다.

사람은 저마다 집안 환경, 외모, 지능에 차이가 있다. 이 때문에 주변 사람이나 살아가는 방식도 다 다르다. 모두가 다른 모습으로 살아가지만, 다행히 성공의 기회는 누구에게나 공평히 주어진다. 핵심은 우리 곁에 기회가 다가왔을 때 과감히 도전해서 그걸 잡는 것이다. 이러한 긍정적 행동을 이끌어내는 것이 바로 감정이다. 자기 감정을 잘 다스려서 긍정적인 방향으로 이끈다면 주변 어디에서든 기회를 찾을 수 있을 것이다. 예로부터 성공한 사람들은 감정을 잘 다스려 자신의 운명을 지배했다. 어떤 일을 할 때 감정을 다스리지 못하면 그 일은 최악의 방향으로 흘러가서 결국 돌이킬 수 없는 결과를 낳는다.

이 책에서는 감정이란 무엇인지 심리학적 관점에서 심도 있게 살펴볼 것이다. 또한 이론에 실사례를 접목하여 감정 조절법을 쉽게 설명하고, 이것이 실생활에서 어떤 작용을 하는지 알아볼 것이다. 이를 통해 감정의 중요성을 이해하고 자신에게 맞는 감정 제어법을 터득하게 될 것이다. 이 책으로써 누구나 자신의 감정을 능숙하게 다스려 행복한 인생을 만들어나가길 바란다.

CONTENTS

PART 1

감정을
이해하면
성공을
얻을 수 있다

01   밝은 빛이 내 삶을 비추게 하라

: 행복한 인생은 매일 긍정적인 감정을 느끼는 데서 시작된다

긍정적으로 바라보면 주위의 모든 것이 아름답다 | 비우면 평온함이 찾아온다 | 긍정적인 마음가짐은 이상적인 결과를 이끌어낸다 | 다른 각도에서 바라보면 모든 풍경이 특별하다 | 희망을 잃지 않으면 짙은 어둠 속에서도 넘어지지 않는다 | 날씨를 탓하기보다 비 오는 날의 정취를 즐겨라 | 마음속 먼지를 털어내면 새로운 빛을 담을 수 있다

긍정적으로 바라보면
주위의 모든 것이 아름답다

　한 번 흘러가버린 세월은 다시 돌아오지 않는다. 계절
은 끊임없이 모습을 바꾸고, 시간은 안개비처럼 조용히 흘러간
다. 동경하는 이의 삶은 너무나 멀리 떨어져 있는 것처럼 느껴져
그곳에 이르기까지 얼마나 각박하고 힘든 세월을 견뎌야 할까
한숨이 나온다. 하지만 어느새 동경하던 누군가의 모습으로 살
고 있는 나 자신을 발견하게 된다.
　과거의 흥망성쇠는 먼지가 되어 흙으로 돌아가고 모진 풍파
같기만 하던 지난날도 지나고 보면 그리 참혹하지 않았다. 흘러
가는 세월 속에서 적절히 비우는 법을 깨닫고 온갖 고생을 견뎌
낸 연륜으로 얼룩진 상처를 지울 수 있다면 인생이 여전히 아름

다울 것이다. 그리고 돌아볼 수조차 없을 것 같던 괴로운 과거도 사실은 별것 아니었음을 깨닫게 될 것이다.

살면서 겪는 시련은 누군가에게는 인생의 새로운 방향을 찾는 힘이 되는 반면, 누군가에게는 떠올릴 때마다 몸서리치게 하는 악몽일 뿐이다.

조지 버나드 쇼는 말했다.

"위험을 두려워하는 사람에게 세상은 늘 위험천만하다."

시련의 순간을 잊지 못하고 두려워하는 사람은 더 이상 시련을 견딜 엄두조차 못 낸다. 하지만 이렇게 위축되어 앞으로 나아가기를 멈추면 점점 더 나약해질 뿐이다.

사실, 지난날의 시련은 종이호랑이에 불과하다. 과거의 일은 좋은 일이든 나쁜 일이든, 순조로웠든 굴곡이 있었든 현재의 삶에 실질적인 영향을 줄 수 없다. 따라서 과거의 일에 영향을 받는 것은 순전히 심리적인 문제일 뿐이다.

오래전에 겪은 시련을 떨쳐버리지 못한 채 현재와 미래의 삶에 두려움을 느끼는 사람의 진정한 적은 시련 그 자체가 아니라 바로 자기 자신이다.

만약 당신도 고작 '종이호랑이'에 벌벌 떨고 있다면 이제부터 좋은 일, 즐거운 일만 생각하면서 두려움을 떨쳐버려라. 그리고 더 나은 삶이 펼쳐질 것이라는 긍정적 자기암시를 하라. 긍정적인 마음가짐은 주변의 모든 것을 아름답게 변화시킨다.

샤오관은 누구를 만나든 늘 환하게 웃곤 한다.

어느 날 그녀와 마주쳤을 때 농담조로 물었다.

"샤오관, 늘 싱글벙글 웃고 다니는 걸 보니 지금까지 정말 편하게 살았나 봐요. 힘든 일은 한 번도 겪은 적 없죠?"

이내 뜻밖의 대답이 돌아왔다.

"저는 어려서 부모를 잃고 고아가 됐어요. 그러니 힘든 일이 왜 없었겠어요?"

그녀가 고아로 자랐다니! 그럼에도 어쩌면 그토록 밝고 긍정적일 수 있었단 말인가.

그녀가 계속 말했다.

"저는 고아원에서 살았어요. 여섯 살에 처음 입양되었지만 그 집 딸이 저를 싫어한다는 이유로 한 달도 안 돼서 다시 고아원으로 보내졌어요. 여섯 살 때부터 열 살 때까지 세 번이나 입양되었는데, 결국 마지막에 아이가 없는 늙은 부부의 집에 정착하게 되었어요."

"그래도 지낼 곳을 찾아서 정말 다행이었네요. 그럼 그때부터 불행 끝, 행복 시작이었나요?"

"네. 정말 다행이었죠."

그녀는 여전히 미소를 띠고 있었지만, 어느새 눈가가 촉촉해지고 있었다.

"하지만 언제 다시 고아원으로 보내질지 몰라 늘 불안에 떨어야

했어요. 또 버림받을까 봐 두려웠던 거죠. 그뿐만 아니었어요. 운전하다가 사고 나지는 않을까, 집에 불이 나지는 않을까, 양부모님이 갑자기 돌아가시지는 않을까…… 매일 이런저런 두려움과 걱정에 휩싸여 살았어요."

"믿을 수가 없어요. 그럼 어떻게 지금처럼 밝고 긍정적인 사람이 될 수 있었던 거죠?"

나는 호기심 어린 눈빛으로 물었다.

"모두 제 남편 덕분이에요."

그녀의 눈빛이 반짝이기 시작했다.

"남편은 대학 동창인데 이성적이고 긍정적인 사람이에요. 그는 불행했던 과거가 현재의 감정에도 영향을 주도록 놔둬서는 안 된다고 늘 말했어요. 그리고 제가 두려워하는 일들이 실제로 벌어질 확률이 얼마나 낮은지 직접 분석해주기까지 했죠. 남편은 제게 믿음을 심어주기 위해 어느 날 아주 험준하고 가파른 산에 데려갔어요. 저는 넘어져 굴러떨어질까 봐 무서웠어요. 하지만 남편은 아무 일도 벌어지지 않을 테니 천천히 올라가자고 저를 다독였죠. 그날 전 순조롭게 산 정상에까지 올라갔답니다. 이런 일이 여러 번 반복되다 보니 점차 긍정적으로 생각할 수 있게 됐어요. 예를 들어 양부모님과 연락이 닿지 않을 때는 불안해하기보다 잠시 외출하셨나 보다 하고 생각하는 거죠."

"과거의 불행에서 완전히 벗어난 거군요."

"그런 셈이죠. 남편 말이 맞았어요. 과거의 불행은 겉으로 봤을 때 무섭지만 실제로는 아무것도 아닌 종이호랑이일 뿐이에요. 사람이 살면서 어떻게 불행한 순간이 없겠어요? 하지만 과거의 불행이 앞으로의 인생까지 불행하게 만들도록 놔둬서는 안 된다는 걸 깨달았답니다."

샤오관은 남편 덕분에 늘 먹구름을 드리우던 과거의 고통에서 벗어나 긍정적이고 즐거운 마음으로 인생을 살아가고 있다.

지난날의 고통과 상처에서 헤어나지 못하고 있다면 샤오관처럼 부정적이고 소극적인 감정을 밀어내고 긍정적이고 적극적인 감정을 가져보는 것은 어떨까. 우리가 느끼는 부정적 감정은 대부분 과거의 고통에서 비롯된 상상일 뿐이고 아무 힘 없는 종이호랑이일 뿐이다.

심리학 전문가들은 마음속 종이호랑이를 내쫓으려면 먼저 감정을 지배하는 근거 없는 환상부터 버려야 한다고 말한다. 과거에 얼마나 고통스러운 일을 겪었든 그것이 지금 우리 인생에 아무런 영향을 주지 못하다는 사실을 명심하자.

한 철학자는 이런 말을 남겼다.

'인생은 본래 짧은데 시련이 그것을 길게 만들어준다.'

시련과 고통은 우리 인생을 더욱 풍부하게 해준다. 그러니 지난날의 시련이 무거운 짐이 되지 않게 하자. 오히려 인생의 깊이를 더해주고 삶을 풍부하게 해주는 디딤돌이 되도록 하자.

비우면 평온함이
찾아온다

　사람들은 조금이라도 더 움켜쥐고 쟁취하기 위해 평생을 시간에 쫓기며 산다. 그러나 정작 나이가 들었을 때 정말로 필요한 것은 물질적 풍요가 아니라 소박하고 평온한 생활이다.

　1980년대, 일본 사회 각층에서 중국 고대 경전 한 권이 유행했는데, 그 열기는 지금까지도 식을 줄을 모른다. 일본의 수많은 기업가, 정치가, 학자에게 사상적 영향을 주고 인생 길잡이가 되어준 책은 바로《채근담(菜根譚)》이다.

　어째서《채근담》이 일본 사회에서 중요한 경전으로 수용되었을까? 일본인들은 전쟁 이후 경제 부흥으로 더없이 풍요로운 생활을 누리게 되었다. 그러나 나라가 번영할수록 사람들은 오히려 자아를 잃어버리고 인생의 참모습에서 점점 더 멀어졌다. 노인들은 공허감에 빠졌고 젊은이들은 물질주의에 얽매인 채 스스로 불행하다고 여겼다. 그러다 보니 과거의 순수함과 소박함을 되찾아야 한다는 목소리가 높아졌다. 하루하루를 충실히 살면서 인생의 참된 진리를 깨우치고 싶어 하는 사람이 점점 늘어났다. 그런 가운데 역사적으로 많은 사람의 정신적 길잡이가 되어온 《채근담》이 주목받게 된 것이다.

소박한 생활을 부정적으로 보는 이들이 있다. 소박한 생활은 곧 가난이며 거친 풀떼기 따위로 연명하는 삶이라 생각하는 것이다. 그러나 소박함과 가난함은 완전히 다른 개념이다. 가난한 것은 어쩔 수 없이 처한 어려운 환경에서 원치 않는 고달픈 삶을 사는 것이고, 소박한 것은 먹고살기 괜찮은 환경에서 인생의 본질을 지키며 사는 것이다.

'소(素)'는 간소함이요, '박(朴)'은 꾸밈없는 순수함을 의미한다. 간소하고 순수한 것이야말로 인생의 참모습 아닌가? 사람은 누구나 빈손으로 태어난다. 그러나 자라면서 사회로부터 여러 역할과 지위를 부여받고 서로 다른 양의 물질을 소유함으로써 생활 모습이 저마다 달라지는 것이다. 이들 중 남들보다 물질을 더 많이 소유한 사람은 자신의 우월감을 드러내기 위해 끊임없이 사치를 숭배한다. 하지만 사치스러운 생활은 인간의 본질을 덮어버린다. 오직 소박한 생활만이 인간의 본질을 되찾고 인생

의미를 찾게 해준다.

예로부터 큰일을 이룬 사람들은 하나같이 소박하고 검소한 생활을 즐겼다. 소박함은 그들이 시련을 극복하고 위대한 성취를 이루게 해준 비결이기도 했다.

중국의 저명한 학자 지센린(季羨林) 베이징대학 명예교수는 평소 소박하고 검소한 생활 습관과 성실함 그리고 선량한 성품으로 많은 사람에게 존경받았다. 그가 평생을 청빈하게 살았던 배경은 무엇일까?

지센린은 가난한 농민 집안에서 태어났다. 어렸을 때 그의 집은 1년에 하얀 밀가루 국수를 먹는 날이 손에 꼽을 정도로 가난했다. 심지어 소금 살 돈이 없어서 알칼리성 땅의 흙을 주워 모아 끓여서 만든 염수에 야채를 절였다.

지센린은 네 살 무렵부터 집안일을 도우며 일찍이 고생을 경험했다. 그는 이미 수확을 마친 남의 밭에 들어가 땅에 떨어진 이삭을 주웠다. 온종일 주우면 밀 이삭이나 조 이삭을 한 바구니 정도는 채울 수 있었다. 하루는 지센린이 주워 온 밀 이삭 양이 꽤 많아 어머니가 밀가루를 만들어 빵을 구워주었다. 지센린은 빵을 한 덩이 먹고도 더 먹고 싶은 생각이 들었다. 그래서 몰래 한 덩이를 더 가져가려는데 어머니가 이를 발견하고 혼을 내려 쫓아왔다. 그는 얼른 집 뒤로 달려가 물웅덩이에 풍덩 뛰어들었다. 어머니는 더 이상 그를 쫓아오지 못했고, 그는 물속에서 남은 빵을 모두 먹어치웠다고 한다.

비록 찢어지게 가난했지만 지셴린의 부모는 지식 습득이 아이들에게 얼마나 중요한지 알고 있었다. 그래서 지셴린이 여섯 살 되던 해, 지난(濟南)의 삼촌 집으로 보내 입학시켰다. 열다섯 살 때 산둥대학교 부속고등학교에 진학한 지셴린은 부지런히 공부해 두 학기 연속 1등을 거머쥐었다. 이후 그는 칭화대학교에 합격해 수학하다가 독일로 유학을 떠났고, 귀국한 뒤에는 베이징대학에서 교수생활을 했다.

그는 유학파로서 중국 최고의 대학교수였지만 옷차림은 늘 수수했다. 그의 집 가구들은 모두 몇십 년 사용한 것들이었고 식사도 간소했다. 그는 1970년대 만들어진 19인치 낡은 TV로 매일 30분씩 뉴스를 시청했다. 이처럼 그는 누구보다 검소하게 살았다. 그는 원고료 등으로 모은 돈을 훗날 자신의 고향에 학교와 병원을 세우는 데 기꺼이 내놓았다.

'지금 어렵고 근심스러운 것이 나를 살릴 것이고, 지금 편안하고 즐거운 것이 나를 죽음으로 인도할 것이다.'

이는 맹자의 말이다. 지셴린은 어린 시절의 가난 덕분에 근검절약을 생활화할 수 있었다. 가난이라는 고난은 그를 움직이게 하는 동력이요, 평생의 자산을 일구게 해주었다.

중국에서는 예로부터 검소함을 가장 큰 덕목으로 삼았다. 삼국 시대의 뛰어난 전략가 제갈량은 '군자는 고요한 마음으로 몸을 다스리고 검소함으로 덕을 쌓는다'라는 말로 아들이 원대한 뜻을 품기를 바랐다. 또 당나라 학자 육지는 '절약하지 않으면 차 있던 것도 빌 것이고, 절약하면 비어 있던 것도 찰 것이다'라는 말로 절약을 강조했다. 이처럼 근검절약은 예로부터 수많은 현인이 실천해온 덕목이다.

고대 그리스에서도 네 가지 미덕을 강조했는데, 그중 하나가 바로 절약이다. 그렇다면 마음을 다스리는 데 왜 절약을 해야 할까?

'마음을 닦는 데 욕심을 줄이는 것보다 좋은 방법은 없다.'

이것은 중국 고대로부터 전해지는 명언이다. 소박한 음식을 먹고 근검절약하는 생활이야말로 마음을 닦고 감정을 다스리는 가장 좋은 방법이라는 의미다. 이처럼 아끼고 절약하는 생활 습관은 감정을 다스리는 데 아주 중요한 역할을 한다.

중국에서 전통적으로 강조하는 미덕은 근검절약과 서로 돕는 마음이다. 그런데 지나친 물질주의와 탐욕으로 많은 사람이 이 정신을 잊어버렸다. 어째서 내가 속한 세상만 작게 느껴질까? 어째서 내 능력은 남들보다 못한 걸까? 사실 진지하게 자문해본 사람은 거의 없을 것이다. 그저 자신의 모는 행동을 물질주의와 탐욕이 범람하는 시대에 생존하기 위한 것이었다고 정당화할 뿐이다. 그래서 자신이 가진 것을 포기하고 비우기보다는 물질에 지배당하기를 자처한다. 하지만 검소한 생활만이 덕을 쌓고 남을 도와 원하는 바를 이룰 수 있게 해준다.

누구나 비슷한 모습으로 태어나지만 맡는 역할이 달라지기에 서로 다른 모습으로 살게 된다. 그러나 가난한 사람이든 부유한 사람이든 모두 마음만 먹으면 검소하게 살 수 있다.

사람의 인생을 평가하는 잣대는 그가 가진 재물이 아니다. 사치스러운 생활은 누군가의 심리적 공허함을 드러낼 뿐이다. 그들은 인생 의미를 바로 알지 못하기에 자신의 무지를 감추기 위해 겉을 화려하게 꾸민다. 사실, 사람은 천성적으로 소박한 생활을 좋아한다. 소박한 생활만이 거짓의 가면을 벗겨주고 마음속 더러움을 깨끗이 씻어내준다. 이로써 마음의 평화를 얻고 대자연의 변화를 느끼며 정신적인 만족을 얻게 해준다.

긍정적인 마음가짐은
이상적인 결과를 이끌어낸다

　성공하기 위해서는 인내심이 필요하고, 인내심을 갖기 위해서는 먼저 올바른 마음가짐을 세워야 한다. 심리학에서는 마음가짐을 바깥 사물에 반응할 때 나타나는 사람들의 심리 상태라고 정의하고 그 사람의 가치관이 직접적으로 드러나는 것이라고 말한다.

　살면서 어느 때는 일이 순조롭게 풀리고, 큰 성공을 이루고, 원하는 것을 얻기도 한다. 반대로 좌절하고, 실패하고, 막대한 손해를 입는 때도 있다. 이럴 때 마음속에는 희열, 기쁨, 아쉬움, 분노, 원망, 걱정, 슬픔 등의 감정이 생긴다. 이러한 감정들은 현재의 마음가짐을 계속 표출하려고 한다.

　마음가짐은 외부의 자극을 받으면 한쪽으로 치우치기 쉽고 심리적으로 불균형해진다. 일단 심리적 불균형이 나타나면 마땅히 있어야 할 이성을 잃게 되어 자신 혹은 타인에게 해를 끼치는 일을 벌이게 된다. 그러므로 감정을 조절하는 법을 익히고 인내심을 발휘해 언제 어디서든 밝고 긍정적인 마음을 갖도록 노력해야 한다.

　교수가 학생 아홉 명을 상대로 실험을 했다.
　"지금부터 내 지휘에 따라 이 다리를 건널 텐데 다리 밑으로 떨어지지 않도록 주의하세요. 하지만 실수로 떨어지더라도 물이 깊지는 않으니 너무 걱정하지 않아도 됩니다."
　학생들은 다행히 아무도 다리 밑으로 떨어지지 않았다. 학생들이 모두 다리를 무사히 건넌 것을 확인한 교수는 그제야 손전등을 켜서 다리 아래를 비추었다. 다리 아래 물은 깊지 않았으나 놀랍게도 그곳에는 악어 한 마리가 돌아다니고 있었다. 학생들은 깜짝 놀라며 다리 밑으로 떨어지지 않은 것에 안도했다.

교수가 물었다.

"자, 이제 다시 건널 사람이 있나요?"

아무도 선뜻 나서지 못했다.

"너무 겁먹지 말고 아주 튼튼한 철교 위를 걸어간다고 상상해보세요."

재차 학생들에게 용기를 심어준 결과 드디어 세 명이 도전에 나섰다. 첫 번째 학생은 조심조심 걸어 처음 다리를 건넜을 때보다 시간이 두 배로 걸려 건넜다. 두 번째 학생은 겁이 나서 벌벌 떨며 다리 중간까지 갔으나 더 이상 발을 떼지 못하고 그대로 주저앉았다. 세 번째 학생은 몇 걸음 떼지도 못하고 겁에 질려 바닥에 납작 엎드려버렸다.

그때 교수가 다시 손전등을 켜서 다리 아래를 비추었다. 자세히 보니 다리와 악어 사이에는 두꺼운 그물망이 설치되어 있었다. 조금 전에는 불빛이 희미해 잘 보이지 않았던 것뿐이었다. 이런 상황을 확인하자 학생들은 다시 아무렇지도 않게 다리를 건넜다. 단 한 명만 다리를 선뜻 건너지 못했는데 교수가 그 이유를 묻자 그물망이 끊어질까 봐 걱정되었다고 말했다.

이것이 바로 마음가짐의 마법 같은 힘이다. 같은 다리에서 실험을 했는데 그 반응은 제각각이었다. 눈앞에 있는 위험에 대해 알지 못했을 때 학생들은 모두 순조롭게 다리를 건넜다. 아무도 그들에게 부정적 심리암시를 주지 않았기 때문이다. 그러나 다리 밑 악어의 존재를 알게 된 이후에는 모두 겁에 질려 부정적인 마음가짐을 갖게 된 것이다.

아무리 흉악한 것도 별거 아니라고 생각하면 정말 별거 아닌 일이 되지만, 세상에서 가장 두려운 것이라고 생각하면 나를 위협하는 가장 위험한 존재가 된다.

"이 또한 지나갈 거야", "앞으로 좋은 일만 생길 거야" 등 성공을 위해 인내하는 과정에서는 이런 말들로 자기 자신을 끊임없이 응원해줘야 한다. 긍정적인 마음가짐은 인고의 시간에 힘을 더해주고 이상적인 결과로 이끌어줄 것이다.

다른 각도에서 바라보면
모든 풍경이 특별하다

가로로 보면 산줄기 옆에서 보면 봉우리(橫看成嶺側成峰)

멀고 가깝고 높고 낮음이 제각각이라(遠近高低各不同)

이는 소식(蘇軾)의 시 '제서림벽(題西林壁)' 중에서 내가 가장
좋아하는 구절이다. 비록 여산(廬山)에 가본 적도, 그를 실제로
본 적도 없지만 나 역시 그동안 전국 방방곡곡을 떠돌아다니며
수많은 산을 올라봤다. 높은 산들을 오르다 보면 감명 깊은 순간
이 많다. 그리고 소식의 시구처럼 같은 사물도 어떤 각도에서 바
라보느냐에 따라 완전히 다른 풍경이 펼쳐지는 것을 경험할 수
있다.

매번 산에 오르고 나면 많은 깨달음을 얻고 생각도 다양해진
다. 만약 우리 내면의 산을 올라야 한다면 이 역시 진짜 산을 오
르는 것과 비슷할 거라는 생각이 든다. 같은 일도 어쩌면 실망스
럽고 불쾌하지만, 관점을 조금만 바꾸면 긍정적인 마음이 생기
고 생각이 트이는 것처럼 말이다.

어떤 사물에 희망을 품거나 두려움을 느끼는 이유는 그 사물
이 우리의 감정이나 바람과는 상관없이 다양한 모습으로 나타
나기 때문이다. 외부 환경은 사람의 의지로 선택할 수 있는 것이
아니다. 그러나 외부의 환경에 어떻게 대응하느냐는 스스로 결
정할 수 있다.

어떤 문제나 사건을 맞닥뜨렸을 때 어떠한 현실이든 수용하
려는 마음가짐으로 그 속에서 내게 유익한 점을 찾아내려고 노
력해야 한다. 그렇게 현실을 제대로 이해하고 문제를 새로운 관
점으로 바라볼 수 있다. 해결책을 찾을 수 있음은 물론이다.

하루는 아들을 둔 한 어머니의 집에 초대를 받아 갔다가 우연히
모자 사이의 대화를 듣게 되었다.

"아들아, 고생을 고생이라 생각하지 말고 어려움을 어려움이라
생각하지 말거라."

"그럼 그것들을 무엇이라 생각해야 하죠?"

"그것들을 네가 평소 가장 좋아하는 컴퓨터 게임에 나오는 괴물

들이라고 생각해보는 건 어떠니? 그럼 혹 괴물들이 다가와도 너는 두려워할 필요 없이 평소처럼 그들을 때려눕히면 그만이지. 괴물들이 모두 물러가고 나서는 '정말 즐거운 게임이었어!'라고 말할 수 있을 거야. 게임을 할 때는 강한 괴물이 나올수록 흥미진진해지는 것처럼 네 인생도 마찬가지란다."

"그런데 만약 내가 괴물들을 물리치지 못하면요?"

"실패하면 어떠니? 평소 게임을 할 때처럼 지고 나면 처음부터 다시 시작하면 되는 거야."

현명한 어머니를 둔 아들은 정말 행운아다. 세상 모든 어머니가 자녀에게 이러한 가르침을 줄 수 있는 것은 아니니까. 어머니가 아들에게 전하려는 메시지는 이런 것이었을 터이다.

'실패는 두렵지 않다. 두려운 것은 시작하기도 전에 마음속에서 철저히 패배하는 것이다.'

우리도 눈앞의 고생과 괴로움을 평소 즐겨 하는 게임이라고 생각해보면 어떨까? 그러면 더 이상 고민할 필요도 걱정할 필요도 없다. 자신에게 다시금 기회와 용기를 줄 수 있을 테니까 말이다.

그러나 실제로 이를 실천하는 사람은 많지 않다. 오히려 부정적인 마음으로 문제를 바라보는 사람이 더 많은 게 현실이다. 이런 마음가짐이라면 어느 순간 자기도 모르게 검증되지 않은 견해와 관점을 갖게 되고, 사건 자체를 끝도 없는 비극으로 받아들이게 되어 근본적인 해결 방법을 찾지 못한다.

기왕이면 전자를 선택하는 현명한 사람이 되어야 한다. 마음에 들지 않는 일에도 유익한 방식으로 반응할 줄 아는 사람이 되어야 한다.

사실, 어떤 일의 좋고 나쁨에 대한 평가는 사람의 주관이 강하게 반영되고 이러한 주관은 대부분 제한적 경험에서 비롯된다. 같은 사물을 바라보는 두 가지 생각은 완전히 다른 결과를 만들어낸다. 즉, 비관적인 생각은 나쁜 결과를 가져오고 긍정적인 생각은 좋은 결말을 가져온다. 전자는 상황을 논리적으로 바라보지 못해 오류에 빠지고 자신의 굴레에 갇혀 인생이 점차 진창과 어둠 속으로 빨려들게 된다. 후자는 불리한 상황에서도 유리한 고지를 발견하고 그것의 가치를 판단할 능력을 지녔으며 이로써 교훈을 얻어 더 좋은 방향으로 발전시켜 나아간다.

아마 이쯤 되면 어떤 마음가짐으로 사물을 바라보고 문제를 대해야 할지 답을 찾았을 것이다.

희망을 잃지 않으면
짙은 어둠 속에서도
넘어지지 않는다

　세상은 시끌벅적하면서도 때로는 적막한 무대다. 그리고 사람은 모두 이 무대 위에서 서로 다른 역을 맡은 배우들이다. 기왕 세상이라는 무대에 섰다면 자신이 맡은 배역을 훌륭하게 해내야 하지 않을까? 자신의 배역에 충실한 배우들은 주어진 인생을 부끄럽게 살지 않는다. 배역을 수행하다 보면 때때로 어려움이 닥치겠지만 그래도 괜찮다. 평정심만 잃지 않는다면 분명 멋진 무대를 완성할 수 있을 것이다.

　시련이 닥쳤을 때 어떤 사람은 자신을 믿고 행동함으로써 어려움을 극복한다. 반면, 어떤 사람은 겁을 먹고 잔뜩 위축되어 앞날을 걱정만 한다. 과연 이들 중 세상을 바꿀 사람은 누구인가? 정답은 의심할 여지 없이 전자일 것이다.

　노력한다고 반드시 성공하는 것은 아니지만, 노력하지 않으면 절대로 성공할 수 없다. 시련에 맞서는 태도는 그 사람이 지금까지 얼마나 노력해왔는지 혹은 얼마나 노력할 것인지를 보여주는 거울이기도 하다.

　옛 현인들은 '자신의 마음가짐을 바꾸려고 노력하면 인생을 바꿀 수도 있다'고 하였다. 다시 말해 어떤 마음가짐을 가지느냐에 따라 어떤 감정을 느낄 것인지, 어떤 방식으로 살아갈 것인지가 정해진다는 뜻이다. 밝고 좋은 마음가짐을 가지고 있으면 언제나 좋은 감정을 느낄 것이다. 좋은 감정을 느낄 때 모든 일에 최선을 다할 수 있다.

그럼 좋은 마음가짐이란 무엇일까? 좋은 마음가짐은 우선 자신의 인생과 자신의 모습을 올바르게 인식하는 것에서 출발한다. 인생은 결코 우리의 바람대로 흘러가지 않는다. 오히려 우리가 원하는 모습과 정반대로 흘러갈 때가 더 많다. 하지만 이것이 바로 인생 아닌가! 좋은 마음가짐이란 과거의 모습에 얽매이지 않고 지금 내가 처한 현실을 받아들여 자신을 변화시킬 수 있는 마음이다. 이런 마음가짐으로 살아간다면 지금보다 더 행복한 인생을 누릴 수 있다.

내 동생은 규모가 제법 큰 부동산 회사에서 일했다. 동생은 말단 사원에서 시작해 4년 만에 업무 팀장으로 고속 승진했고 분기마다 업무 실적이 뛰어난 세 명 중에 뽑혔다. 능력이 출중하다 보니 사장님의 신임을 얻은 것은 물론이고 동료들 모두 동생을 신뢰했다.
그러다 보니 동생 스스로도 관리자로 자신이 뽑히리라는 사실을 믿어 의심치 않았다. 그녀가 지역 관리자로 승진하는 것은 문제없어 보였다.
얼마 후 인사팀에서 그녀의 업무 실적표를 내어주며 개인 자료들을 다시 한 번 검토하라는 지시가 내려왔다.
그런데 며칠 뒤, 생각지도 못한 일이 일어났다. 지역 관리자 자리에 동생이 아닌 전혀 다른 사람이 뽑힌 것이다. 동생은 급격히 우울해졌고 너무 큰 패배감에 더 이상 회사 일에 전념할 수가 없었다.

이런 일은 일상생활에서도 자주 일어난다. 어떤 일의 결과가 빤히 보이면 사람들은 오로지 자신의 주관대로 판단하고, 결론을 내리고, 행동한다. 그런데 그 결과는 우리의 예상과 다를 때가 많다. 이때 대부분의 사람은 이러한 사실을 쉽게 받아들이지 못하고 처음에 품었던 긍정적인 마음가짐마저 흔들리게 된다

인생에서 '당연한' 일은 없다. 살면서 어떤 길을 걸어가든 생각지 못한 시련을 만날 수 있다. 이는 사람 의지로 막을 수 있는 것이 아니다.

인생에 대해 섣불리 결론 내릴 수도, 안전한 곳에 내내 숨어 있기만 할 수도 없다. 중요한 것은 시련이 닥쳤을 때 무조건 다른 길로 도망치기보다는 끝까지 견뎌 시련을 이겨내는 것이다. 어떤 일에 최선을 다하고 있다면 시련에 부딪히거나 결과가 기대와 다르더라도 쉽게 포기하지 말고 담담히 맞서야 한다. 그래야만 공들여 쌓은 탑이 무너지지 않고 새벽의 짙은 어둠 속에서도 넘어지지 않고 떠오르는 태양을 맞이할 수 있다.

날씨를 탓하기보다
비 오는 날의 정취를 즐겨라

　나는 활짝 핀 첫 꽃잎을 보며 따듯한 봄날을 즐기고, 첫 장맛비가 내리면 즐거운 여름을 고대한다. 첫 낙엽을 손에 쥐었을 때 깊은 가을의 정취에 빠지고, 첫눈이 흩날리는 것을 보며 겨울나라로 빠져든다.

　누구나 싫어하는 계절과 날씨가 있다. 그러나 나는 각각의 계절과 날씨가 갖고 있는 특별한 색채를 감상하기 좋아한다. 그래서 날씨에 대해 불평하는 사람을 보면 이렇게 말한다.

　"날씨를 바꿀 수 없다면 차라리 즐겨보는 건 어때?"

　저명한 학자 난화이진(南懷瑾)은 말했다.

　"역사 속 인물 중 정말 훌륭하다고 생각하는 사람이 몇 있다. 그들은 원대한 이상과 포부를 품고 있었지만 쉽게 그 뜻을 이루지는 못했다. 하지만 그때마다 한 걸음 물러나 주변 사람들의 신뢰를 얻기 위해 노력했고 그들의 협조를 얻어냈다. 그리고 마침내 기회가 찾아왔을 때 모두를 이끌고 더 큰 세상을 향해 나아갔다."

주어진 현실은 우리 의지로 바꿀 수 없으니, 뜻을 이루려면 현재 처한 환경에 적응하고 자기 자신을 변화시키라는 것이다. 때로는 무리해서 앞으로 나아가기보다는 한 걸음 물러나 때를 기다리는 것도 괜찮다. 그리고 난화이진은 실제로 이러한 삶을 살았다.

항일 전쟁 당시 난화이진은 쓰촨으로 피난을 갔다. 그곳에서 그는 당장 먹고살 돈이 없어 한 신문사의 문을 두드렸다. 안으로 들어가니 사무실 앞에 놓인 책상에 한 노인이 앉아 있었다. 난화이진은 인사를 한 다음 도울 일이 없냐고 물었다. 노인은 그를 자세히 훑어보고는 어디에서 왔는지, 혹 일본인은 아닌지 물었다. 당시 일본인과 매국노에 대한 중국 사람들의 분노는 극에 달한 상태였다. 그는 노인의 물음에 얼른 대답했다.

"저는 저장성 출신이고 전쟁을 피해 이곳으로 왔습니다. 먹고살기 위해 일자리를 찾는 중입니다. 바닥 청소도 좋고, 차를 따르는 일도 좋으니 아무 일이나 시켜만 주십시오."

그때 사무실 문이 열리고 신문사 사장이 나와 그를 안으로 불렀다. 난화이진은 다시 한 번 자신의 처지를 설명했다. 이 지역에는 처음이라 아는 사람도 하나 없고 살길이 막막해 일자리를 구하는 중이라고 말이다.

사장이 말했다.

"마침 청소할 사람이 필요했는데 잘되었네요. 그럼 내일부터 나와서 바닥 청소를 하세요."

난화이진은 곧바로 그 일을 수락했다.

어느 날 신문사 사장이 그를 불렀다.

"아무래도 당신은 청소나 하고 있을 사람이 아닌 것 같은데 혹시 글을 쓸 줄 알아요?"

그는 유가경전을 공부한 적은 있다고 말했다.

사장은 그 자리에서 제목을 하나 내어주고 그에게 글을 한 편 써보라고 했다. 사장은 난화이진의 글을 읽고 크게 만족해서 당장 그를 부편집장 자리에 앉혔다.

당시 신문사에는 직원이 몇 명 없었기 때문에 편집장이라고 해도 온갖 잡일을 직접 해야 했다. 하지만 난화이진은 일할 곳이 있고 끼니를 거르지 않는 것만으로 충분하다고 생각했다.

'대장부라면 때로는 뜻을 굽힐 줄도 알아야 한다'라는 말이 있다. 난화이진은 자신이 굽혀야 할 때를 정확히 알고 이를 실천했다. 그는 먹고살기 위해 문인으로서의 자존심을 과감히 버리고 청소부를 자처했고, 그로 말미암아 기회를 얻어 재능을 인정받을 수 있었다.

현대사회에서는 수긍과 변화가 유연한 곡선을 이루는 생존 법칙이 필요하다. 생활 리듬이 점점 빨라지면서 사람들의 불평 불만이 끊임없이 터져 나오고 있다. 회사에서는 왜 나 같은 인재를 뽑아주지 않느냐, 사람들은 왜 그렇게 불친절하느냐, 집이 마음에 안 든다, 교통이 불편하다, 산업 전망이 좋지 않다 등등 사람들은 자기 앞에 닥친 어려움을 세상 탓으로 돌린다. 그러면서 마치 자기에게는 아무런 문제가 없는 것처럼 환경에 적응하려거나 자신을 바꿔보려는 노력을 전혀 기울이지 않는다. 이렇게 소극적인 인생은 반드시 실패하기 마련하다.

살면서 많은 일이 마음대로 풀리지는 않는다는 것은 누구나 아는 사실이다. 그런데도 사람들은 일상에서 크고 작은 일들이 벌어질 때마다 끊임없이 불평을 쏟아낸다. 그러나 불평하기를 멈추지 않으면 해결 방법을 찾을 수 없다. 불평한다고 상황이 좋아지겠는가? 오히려 상황을 더 악화시킬 뿐이다. 어떤 시련에 직면했을 때는 침착하게 현실을 받아들이고 문제를 해결하려 노력해야 한다. 그래야만 마음속 불평이 비로소 완전히 해소될 수 있다.

세상을 변화시키기는 어렵지만 자기 자신을 바꾸는 것은 누구나 가능한 일이다. 만약 지금 시련에 처해 있거나 상황이 마음에 들지 않는다면 생각과 마음가짐을 바꿔 문제를 대면하고 주어진 현실에 적응하려는 노력을 기울이자. 그러면 분명 문제를 해결할 돌파구를 찾을 수 있을 것이다.

고대 그리스의 철학자 플라톤이 어느 날 제자들에게 자신이 산을 옮기는 방법을 알고 있다고 말했다. 그러자 제자들은 너도나도 그 방법을 가르쳐달라고 부탁했다. 플라톤이 대답했다.
"방법은 아주 간단하지. 산이 움직이지 않으면 내가 산 쪽으로 움직이면 되는 거라네."

세상에 산을 옮길 수 있는 사람이 어디 있겠는가? 플라톤은 제자들에게 자신이 처한 환경과 현실을 바꿀 수 없다면 스스로 변화시키라는 철학을 전달하고자 한 것이다.
웨스트민스터 사원 지하에 있는 영국 성공회 주교의 묘비에는 이런 글이 적혀 있다.

내가 젊고 자유로워 상상력의 한계가 없을 때 나는 세상을 변화시키겠다는 꿈을 가졌다.
조금 더 나이가 들어 지혜를 얻었을 때 나는 세상이 변하지 않으리라는 것을 알았다. 그래서 내 시야를 좁혀 나라를 변화시키겠다고 다짐했다. 그러나 그 역시 불가능한 일이었다.
황혼의 나이가 되었을 때 나는 마지막으로 나와 가장 가까운 내

가족을 변화시키겠다고 마음먹었다. 그러나 아무도 달라지지 않았다.

이제 죽음을 맞이하는 침상에서 문득 깨닫는다. 만약 내가 나 자신을 먼저 변화시켰더라면 그것을 본 내 가족들이 변화되었으리라는 것을, 또한 그것에 용기를 얻어 내 나라를 더 좋은 곳으로 바꿀 수 있었으리라는 것을. 그리고 누가 아는가! 세상이 변했을지도.

똑같은 환경에 처해 있어도 사람들은 서로 다른 선택을 한다. 누군가는 환경에 굴복한 채 아무것도 하지 않으려 하고, 또 누군가는 치열하게 맞서 싸운다. 치열하게 싸운다고 해서 반드시 수확이 있는 것은 아니다. 중요한 점은 환경을 바꾸려 할 것인가, 내가 먼저 변할 것인가에 관한 선택이다. 인생의 성패는 이 선택으로 결정되기도 한다.

살면서 우리는 끊임없이 변하는 환경에 계속 적응해 나아가야 한다. 주변의 모든 것을 바꾸기는 어렵지만 나 자신을 변화시키는 건 가능하다. 자신의 마음가짐과 생각을 바꾸지 않고, 내게 부족한 점이 무엇인지 반성해보지도 않고서 주변 환경을 탓하거나 기회가 다가오기만을 손 놓고 기다려서는 안 된다. 먼저 나 자신이 변해야 어려움을 극복하고 현실을 변화시킬 수 있고, 그래야 비로소 꿈을 이룰 수 있다.

마음속 먼지를 털어내면
새로운 빛을 담을 수 있다

중국의 국학 전문가 자이훙셴(翟鴻燊)이 한 강연에서 말했다.

"생각은 머리로만 하는 것이 아니라 마음으로도 하는 것입니다. 중국 전통문화에서 '마음 심(心)'이라는 한자는 심장이라는 뜻뿐만 아니라 지혜와 심성이라는 의미도 담고 있죠. 사람의 얼굴을 보면 그의 내면을 알 수 있습니다. 얼굴은 마음의 거울이니까요. 어두운 마음을 가진 사람은 절대 환한 표정을 지을 수 없습니다. 사랑하는 마음이 있어야 온화한 기운이 감돌고, 온화한 기운이 있어야 상냥한 표정을 지을 수 있는 거죠."

그는 겉으로 표출되는 사람의 모습은 모두 마음에서 비롯된

다고 말한다. 즐거움, 슬픔, 번뇌, 고통을 나타내는 표정들은 모두 내면의 표출이고 이는 외부 세계의 제약을 받지 않는다. 같은 사물이라 해도 그것을 대하는 사람의 마음가짐은 모두 다르고 그렇기에 결과도 모두 다르게 나타난다.

한 동자승이 있었다. 동자승이 절에 온 지 얼마 되지 않았을 때 노스님은 그에게 매일 정원을 청소하라고 지시했다.
가을이 되자 정원에 낙엽이 쌓이기 시작했다. 동자승은 매일 여러 시간 힘들게 낙엽을 쓸고 또 쓸어야 했다. 그러나 바람이 불면 낙엽은 우수수 떨어졌고 동자승은 다시 정원을 쓸어야 했다.
하루는 한 스님이 문제를 해결할 방법을 일러주었다.
"정원을 청소하기 전에 나무를 흔들어 낙엽을 떨어뜨리렴. 그러면 청소할 때 여러 번 쓸지 않아도 될 거란다."
동자승은 당장 이 방법을 실행하기로 마음먹었다. 다음 날, 동자승은 아침 일찍 정원으로 나가 온 힘을 다해 나무를 흔들어 낙엽을 떨어뜨렸다. 그는 떨어진 낙엽들을 치우며 내일까지는 다시 청소할 일이 없을 거라 생각했다. 그날 동자승은 온종일 기분이 좋았다.

그런데 다음 날 정원에는 낙엽이 다시 가득 쌓여 있었다. 동자승이 한숨을 내쉬고 있는데 노스님이 다가와 말했다.

"오늘 아무리 노력한다 한들 내일도 여전히 낙엽은 떨어질 거란다."

노스님의 말에 동자승은 문득 깨달음을 얻었다.

'세상일은 미리 예측할 수 없으니 기쁜 마음으로 현재를 충실하게 사는 것이야말로 지혜로운 인생 아닌가!'

동자승의 마음속에 번뇌와 피로와 좌절감 등의 부정적인 마음이 사라지고 즐거움이 차오르기 시작했다. 동자승은 낙엽을 청소하는 고된 노동을 통해 값진 진리를 깨달았고, 그 뒤로는 원망하거나 미리 걱정하는 마음을 내려놓았다.

동자승은 계속 낙엽을 쓸었지만 깨달음을 얻기 전후의 마음가짐은 전혀 달랐고 청소 결과도 달라졌다. 낙엽 치우는 일을 고역으로 여겼을 때 그의 마음에는 번뇌와 고통 그리고 절망이 가득했다. 그러나 낙엽 치우는 일에서 깨달음을 얻은 뒤 마음속이 보람과 즐거움으로 채워졌고 더 이상 청소가 힘들게 느껴지지 않았다.

이처럼 모든 번뇌와 쾌락은 우리 마음에서 결정되는 것이다. 비관적인 마음으로 사물을 바라보면 번뇌와 고통을 얻고, 긍정적인 마음으로 사물을 바라보면 즐거움과 만족을 얻을 수 있다.

기쁨과 슬픔은 오로지 내 마음에 의해 결정된다. 어떤 사물을 기쁜 마음으로 바라보면 밝고 좋은 면만 보인다. 그러나 부정적인 마음으로 바라보면 어둡고 나쁜 점만 보일 뿐이다. 이런 사람은 아무리 귀한 것을 얻어도 기쁘게 받아들이지 못한다. 기쁨은 내면에서 비롯되는 것이지, 돈이나 물건으로 얻을 수 있는 것이 아니다. 슬픔 역시 내면에서 스스로 만들어지는 것이므로 그 누구도 원망할 수 없다.

사실, 대부분의 근심 걱정은 외부에서 보낸 '위험 신호' 때문이 아니라 내면에서 만들어내는 생각들 때문에 발생한다. 잘못하여 회사에서 해고당하면 어쩌나, 큰 병에 걸리면 어쩌나, 갑작스러운 사고가 나면 어쩌나 등등의 생각 말이다.

'인생은 무조건 정해진 순서대로 진행되어야 해. 절대 아무 일도 일어나서는 안 돼. 만약 무슨 일이 생겨 뒤죽박죽된다면 너는 견디지 못할 거야.'

이런 생각을 품고서는 어떤 일도 잘해낼 수 없다.

기쁘든 슬프든 시간은 계속 흘러 지나간다. 그러니 인생의 귀한 시간을 슬픔과 괴로움에 빠져 있기보다는 기쁨과 행복을 느끼며 살아가는 것이 어떤가.

02   내 마음은 내가 제어한다

: 부정적인 감정 해소하기

생각이 감정의 지배를 받지 않도록 하라 | 경박함을 벗어던져라 | 약점을 극복하면 한계를 뛰어넘을 수 있다 | 자기조절 능력이 사람의 차이를 만든다 | 부정적인 감정은 바이러스처럼 퍼져 나간다 | 부정적인 감정의 배출구를 찾아라 | 세상은 원래 공평하지 않다 | 우유가 엎질러지면 다시 따르면 된다

생각이 감정의
지배를 받지 않도록 하라

시험 보기 전날 불안하고 초조해서 도저히 잠을 이룰 수 없다거나, 선생님이나 부모님께 혼이 난 다음 의기소침해진다거나, 친구와 다투고 화풀이로 필요하지도 않은 물건들을 잔뜩 사들인다거나 등등 살면서 이런 경험을 한 적 있는가?

이런 경험이 많지 않다면 걱정할 필요 없다. 하지만 이런 일이 자주 있었다면 그냥 넘어가서는 안 된다. 그것은 당신이 이미 '감정'의 노예가 되어 감정 늪에서 스스로 빠져나오지 못하고 있다는 의미이기 때문이다. 그래서 무슨 일이 생기면 일단 '나도 모르게' 불안하고, '나도 모르게' 무기력해지고, '나도 모르게' 문제를 일으키는 것이다.

스스로 감정을 다스리는 법을 알아야 한다. 평온한 마음가짐으로 일관하면 무슨 일이 생겨도 감정이 크게 요동치는 법이 없다. 만약 내가 다른 사람들을 우울하고 어둡고 비관적인 태도로 대한다면 그들도 내게 똑같이 우울하고 어둡고 비관적인 태도로 응답할 것이다. 반대로 내가 다른 사람들을 기쁘고 환한 웃음으로 대한다면 그들도 내게 기쁘고 환한 웃음으로 보답할 것이다. 자신의 감정을 다스리는 법을 배우는 것과 동시에 다른 사람들의 감정 변화를 헤아릴 수 있게 된다면 늘 좋은 감정만 유지할 수 있다.

누구나 마음속에 자신만의 '행복 열쇠'가 있다. 그런데 자기도 모르게 이 소중한 열쇠를 타인의 손에 쥐어주는 이들이 있다.

어떤 판매원이 이렇게 하소연한다.

"매번 까다로운 손님들만 있으니 일이 정말 재미없어요."

이 판매원은 자신의 행복 열쇠를 손님의 손에 쥐어준 셈이다.

또 어떤 회사의 직원은 이렇게 말한다.

"우리 사장님은 정말 지독하세요. 같이 일하기 너무 힘들다니까요!"

이 직원은 자신의 행복 열쇠를 사장님 손에 맡겼다.

진정 성숙한 사람은 자신의 행복 열쇠를 잘 지킨다. 이들은 타인이 자신을 기쁘게 해주기만을 마냥 기다리지 않고 타인에게 즐거움과 행복을 나눠주기를 원한다.

약한 사람은 감정이 행동을 제어하고, 강한 사람은 행동으로 감정을 제어한다. 미국의 작가 오그 맨디노는 말했다.

"감정을 스스로 제어하고 감정의 주인이 되는 사람만이 앞으로 나아갈 수 있다."

부정적인 감정을 올바로 해소할 줄 아는 사람은 뜻대로 되지 않는 일을 길 위의 작은 물웅덩이 정도로 생각한다. 잘못해서 웅덩이의 흙탕물이 발에 튈 수도 있지만, 그냥 지나가면 되는 일이다. 그러나 쉽게 분노하는 사람들의 물웅덩이는 다르다. 그들의 물웅덩이에는 흙탕물 대신 휘발유가 가득 고여 있어 일단 불이 붙으면 자신은 물론 다른 사람들에게까지 큰 피해를 주게 되고 누구도 가까이 가려고 하지 않는다. 그들은 나중에 냉정을 되찾고 자신이 저지른 일을 수습해보려 하지만 한 번 상처를 입은 사람들의 마음은 쉽게 열리지 않는다.

분노는 마음뿐만 아니라 몸도 상하게 만든다. 사람이 화를 내면 혈액 속의 독소가 증가해 피부 트러블이 일어나고 뇌의 노화가 촉진되며 갑상선, 위, 간, 심장에도 안 좋은 영향을 준다. 심지어 화를 내면 폐에 산소가 원활하게 공급되지 않아 건강에 심각한 해를 끼칠 수 있다. 화를 조절할 수 있게 되면 원만한 인간관계를 얻을 뿐만 아니라 신체와 마음을 건강하게 유지할 수 있고 이로써 삶의 질이 높아진다.

성격이 불같은 장군이 있었다. 그는 조정에서 황제와도 말다툼을 벌일 정도로 화를 잘 냈다. 장군은 그동안 전쟁에서 세운 공이 많아 사람들의 인정을 받았지만 포악한 성격 때문에 주변에 적이 점점 늘어났다.

이 문제로 고민하던 장군은 어느 날 나라에서 가장 큰 절의 스님을 찾아가 조언을 구했다. 그는 처음에는 차분히 자신의 잘못을 반성하는 것 같더니 점점 목소리가 커지기 시작했고 결국 소리쳤다.

"제 성격은 날 때부터 이런 것을요! 강산은 바꿔도 천성은 못 바꾼다 하지 않습니까! 그런데 제가 바뀌어야 한다고요? 대체 어떻게 바꾸란 말입니까?"

스님이 물었다.

"태어날 때부터 갖고 있던 성격이라고 하니 그럼 어디 한번 꺼내서 보여주십시오. 꺼내어 보여줄 수 있는 것이 아니라면 고치는 것도 문제없지 않겠습니까?"

장군이 퉁명스럽게 말했다.

"스님이라는 사람들은 늘 궤변만 늘어놓는군요."

"제 말을 궤변이라 하시면 장군의 적들이 황제 폐하께 고하는 말들도 궤변일 뿐일 텐데 무엇을 걱정하십니까? 중요한 것은 성격을 바꾸는 것이 아니라 장군이 적들을 마주했을 때 어떻게 반응하느냐는 것입니다. '계급용인(戒急用忍)'이라는 말이 있습니다.

'서두르지 않고 인내심을 갖는다'라는 뜻이죠. 사람들이 서두르지 않는 이유는 바보같이 손해를 보려는 게 아니라 조금 더 신중하고 완벽히 일을 처리하기 위함입니다. 장군은 이러한 도리를 알지 못하십니까?"

시도 때도 없이 화를 내는 사람들은 큰일을 그르치고 불필요한 문제들을 일으키기 마련이다. 그런데 그들은 화가 부글부글 끓어오를 때 어떻게 그 불씨를 꺼야 하는지 잘 모르는 경우가 많다.

화를 참는 방법은 그리 어렵지 않다. 화를 내고 싶다는 생각이 들 때 주먹을 꽉 쥐고 3초만 세면 된다. 3초를 참은 뒤 자신에게 말한다.

"삼 초도 무사히 견뎠는데 다시 삼 초만 견뎌보자."

그렇게 30초, 3분을 견디는 사이 화는 어느 정도 누그러진다. 욱하는 성질을 조절할 수 있어야만 이성적으로 판단하고 합리적인 결정을 내릴 수 있다. 화를 억누르지 못하고 성질대로 행동해서 얻는 것은 적대와 멸시의 눈빛뿐이다. 그러니 참을 수 있다면 참는 것이 현명하다.

이처럼 참고 인내하는 것은 일종의 미덕이기는 하나, 그렇다고 무조건 참으라는 것은 아니다. 너무 참고 견디기만 하다 보면 속으로 곪을 수 있다. 지혜로운 사람은 언제 참고 언제 화를 내야 할지 잘 알고 있다. 원칙적인 문제는 확실히 짚고 넘어가되, 중대한 실수 앞에서는 잠시 화를 거두고 인내할 줄도 알며 불공정한 일을 당했을 때는 당당히 권리를 주장하는 것이 현명하게 화를 내는 방법이다.

화를 낼 때는 적절한 근거가 있어야 하고 정도를 지킬 줄 알아야 한다. 별똥별이 떨어지는 모습은 장관이지만 잘못 떨어지면 큰 재앙이 되는 것처럼, 적절한 불꽃으로 자신을 빛나게 하고 다른 사람을 비출 수 있어야 한다.

경박함을
벗어던져라

　　현재 이 시대에 만연해 있는 경박함은 현대인들에게
보편적으로 나타나는 마음의 병이기도 하다. 경박함에 물들면
잠자고 있던 욕망들이 꿈틀거리면서 평정심을 잃고 불안과 초
조에 시달리게 된다. 그러다 보면 성격도 점점 거칠어지고 늘 긴
장해 있으며 덩달아 현실에 대한 불만도 많아진다. 결국 경박함
으로 말미암아 인생은 균형을 잃고 급류에 휩쓸리듯 제멋대로
흘러간다. 이렇듯 경박한 태도는 삶의 질뿐만 아니라 행복과 즐
거움을 가로막는 가장 큰 요소다.

　　경박함은 많은 경우 마음의 불안함에서 시작되는데, 이 때문
에 가장 큰 피해를 보는 사람은 바로 자기 자신이다. 그러니 먼

저 마음의 불안을 떨쳐버리는 것이 중요하다. 이를 위해서는 끊임없는 자기반성과 분수에 맞지 않는 것에 집착하지 않는 용기가 필요하다. 이로써 마음속 깊은 곳에 자리한 경박함을 벗어던질 수 있다면 진정 행복해진다.

급히 먹는 밥은 체하기 십상이다. 어떤 일을 하든, 어떤 사람이 되려고 하든 모두 한 걸음씩 차분히 가야 성공할 수 있다. 마음이 침착하지 못하고 들떠 있으면 생각이 명쾌하지 않아 제자리걸음을 할 뿐이다. 경박한 사람은 재주도 없으면서 목표만 높고 일을 대강 처리하기 좋아하며 수박 겉핥기식으로 얕은 지식만 얻으려 한다. 이러한 태도가 인생에 도움 될 리 없다. 그러니 공부이든 일이든 어떤 일에 전념하고자 한다면 절대 서두르지 말아야 한다.

양유기는 궁술이 매우 뛰어나 백 보 밖에서 활을 쏴 버드나무의 잎을 정확히 맞출 수 있었다. 동물들조차도 그의 뛰어난 궁술을 알고 있을 정도였다. 동물들은 양유기가 나타났다 하면 멀리 도망치기 바빴다.

양유기의 궁술이 뛰어나다는 소문을 듣고 한 젊은이가 찾아와 제자 되기를 청했다. 양유기는 젊은이의 끈질긴 부탁에 마침내 그를 제자로 받아들였다. 그런데 양유기는 바늘을 몇 자 떨어진 곳에 놓고는 젊은이에게 온종일 바늘만 쳐다보고 있으라고 시켰다. 젊은이는 처음에는 양유기의 말대로 했다. 그러나 며칠이 지나자 더 이상 참지 못하고 소리쳤다.

"저는 궁술을 배우러 왔지, 바늘만 쳐다보려고 찾아온 것이 아닙니다! 대체 언제쯤 궁술을 가르쳐주실 겁니까?"

왕유기가 대답했다.

"네가 지금 하고 있는 것이 바로 궁술이니 계속하거라."

젊은이는 다시 며칠을 버텼다. 그러나 며칠이 지나자 마음이 조급해졌다.

'대체 저 바늘을 쳐다보고 있으면 무엇이 보인단 말인가! 아무래도 방법이 잘못된 것 같아. 궁술이 아주 뛰어난 사람이라고 들었는데 헛소문인가?'

나중에 양유기는 제자에게 팔 힘을 길러주기 위해 팔을 앞으로 쭉 뻗게 한 다음 그 위에 돌을 올려놓았다. 젊은이는 이번에도 스승의 의도를 파악하지 못하고 불만을 터뜨렸다.

"저는 궁술을 배우러 왔단 말이에요. 도대체 왜 팔에 돌을 얹고 있어야 하는 거죠?"

그는 더 이상 궁술을 배우고 싶지 않았다. 양유기는 그런 젊은이의 마음을 읽었고 그가 궁술을 배울 그릇이 못 된다고 생각해 그를 내보냈다. 젊은이는 이후로도 여러 명의 스승을 찾아가 궁술을 배웠지만 결국 훌륭한 궁술가는 되지 못했다.

젊은이가 조급해하지 않고 처음부터 차근차근 배웠다면 양유기처럼 뛰어난 궁술가가 될 수 있었을 것이다. 그러나 눈에 보이는 성과에만 급급해 기초 훈련을 견디지 못했고 결국 낙오되었다.

침착하고 차분한 태도야말로 인생의 가장 높은 경지다. 살면서 어려운 순간이 닥쳤을 때 조급하고 경박한 태도는 문제 해결에 전혀 도움 되지 않는다. 경박함을 벗어던지고 차분히 진지한 마음을 유지해야만 시련이 닥쳤을 때 맑은 정신으로 대응할 수 있다. 시련은 흘러가는 인생의 한 부분일 뿐이니, 행복을 가로막는 걸림돌이 될 수 없다. 늘 좋은 마음가짐을 갖고 살아간다면 누구나 행복하고 자유로운 사람이 될 것이다.

약점을 극복하면
한계를 뛰어넘을 수 있다

에디슨이 말했다.

"역경을 극복하려면 먼저 자신의 약점을 극복해야 한다."

많은 사람이 자신에게 닥친 역경을 이겨내지 못하는 가장 큰 이유는 자신의 약점을 극복하지 못해서다. 사실, 역경이 닥쳤을 때뿐만 아니라 모든 순간에 자신의 한계를 뛰어넘으려는 노력이 필요하다. 살면서 가장 어려운 일이 어쩌면 이것인지도 모른다.

미국의 전 대통령 프랭클린 루스벨트는 어렸을 때 겁이 많고 허약했다. 학교에서 그는 언제나 겁에 질린 표정을 하고 있었고 무언가에 쫓기듯 큰 숨을 몰아쉬었다. 선생님에게 지목이라도 당하면 곧장 두 다리와 입술이 바들바들 떨렸고 너무 긴장한 나머지 더듬기 일쑤였다. 게다가 툭 튀어나온 잇몸 때문에 평소 친구들과 어울리거나 새로운 친구를 사귀는 것을 꺼렸고 점점 외톨이가 되어갔다.

하지만 루스벨트는 결코 나약한 아이가 아니었다. 그의 약점들은 오히려 그를 더욱 노력하게 만들었다. 그는 친구들의 비웃음과 놀림에도 용기를 잃지 않았다. 그는 긴장해서 입술이 떨려올 때마다 입술을 꽉 물고 버텼고 급하게 몰아쉬던 숨소리도 점차 안정을 찾았다.

루스벨트는 자기 자신을 누구보다 잘 알았고 자신에게 어떤 약점이 있는지 명확히 이해했다. 그는 절대 자신을 과소평가하지 않았고 스스로 용기 있고 건장하며 잘생긴 남자라 되뇌었다. 이러한 노력을 통해 훗날 장애를 극복하고 대통령이 될 수 있었다. 그는 극복할 수 있는 약점은 극복하고, 극복하지 못하는 약점은 자신한테 유리하게 이용했다. 앞으로 튀어나온 뻐드렁니가 콤플렉스였던 그는 특별한 발성법을 연습해 연설하는 동안 이가 보이지 않도록 했다. 루스벨트는 자신의 목소리나 자세 때문에 위축되지 않았다. 그는 목소리가 특별히 우렁차지도 않았고 자세가 장군처럼 늠름하지도 않았지만 그 당시 가장 영향력 있는 연설가 중 하나였다.

루스벨트는 자신의 약점 때문에 주눅 들지 않았다. 오히려 자기 자신을 명확하게 이해하고 있었다. 오히려 자신에게 부족한 점이 무엇인지 정확하게 인식하고 스스로 냉정하게 평가했으며 그것들과 끊임없는 투쟁을 벌였다. 또한 자신의 약점을 유리하게 이용해 한 단계 더 높이 올라갈 발판으로 삼았다.

극복하기 어렵다고 해서 극복할 수 없는 것은 아니다. 예나 지금이나 자신이 가진 약점을 극복하고 스스로 한계를 뛰어넘은 사람들은 어떤 분야에서든 큰 성공을 거뒀다. 그러나 자신의 한계를 뛰어넘지 못하고 주저앉은 사람들은 끝내 강자가 되지 못했다.

자신의 한계를 뛰어넘으려면 먼저 자신의 약점과 싸워야 한다. 사람은 누구나 크고 작은 단점이 있다. 관건은 자신에게 어떤 점이 부족한지 분명히 알고 고치려 노력하는 것이다. 예를 들어 게으른 사람이 조금씩 부지런해지는 연습을 해 단점을 고쳐 나간다면 회사에서도 인정을 받고 승진할 수 있을 것이다. 또 평소 의지가 약한 사람이라면 인내심을 기르는 연습을 통해 자신을 단련하여 어떤 어려운 일 앞에서도 더 이상 도망치지 않을 수 있을 것이다.

지금 신은 공평하지 않다고 원망하고 있다면 차라리 그 시간에 이를 악물고 노력해보는 것은 어떨까. 원망하는 것만으로는 절대 자신의 운명을 바꿀 수 없다. 운명을 바꿀 수 있는 것은 오직 진실한 노력뿐이다. 그 누구도 처음부터 좋은 운만 타고나는 사람은 없다. 지금 성공한 삶을 누리는 사람들도 한때는 어려운 시절을 보냈다. 현재의 행복한 모습만 보고 그들이 겪었을 온갖 고생을 생각하지 않으면 안 된다.

고생하지 않고 얻으려고만 해서는 성공할 수 없다. 성공은 끊임없는 노력으로 얻어지는 것이다. 노력하지 않았는데 손에 들어온 것은 언제 어떻게 내 손을 떠날지 모르는 불안정한 것이다. 그러나 진정한 노력으로 얻은 결과물은 결코 쉽게 내 손을 떠나지 않는다.

노자의 《도덕경》에는 이런 구절이 있다.

'남을 이기는 사람은 힘이 있는 것이지만, 자신을 이기는 사람은 강한 것이다.'

그렇다. 남을 이길 수 있는 사람은 기껏해야 힘이 조금 있을 뿐이고 진정한 강자는 바로 자기 자신을 이기는 사람이다.

자기 자신을 이기려면 먼저 자신의 모든 약점을 극복할 수 있어야 한다. 지금 얼마나 큰 시련을 마주하고 있든 절대 실망하거나 포기해서는 안 된다. 뜻대로 되지 않는 일 앞에서도 침착하고 냉정한 태도를 유지할 수 있어야 한다. 그래야 살면서 갑작스레 나타나는 역경들을 극복할 수 있다. 늘 위축되어 있고 의기소침한 사람들은 작은 역경에도 인생을 쉽게 포기해버린다. 자신의 한계를 극복하는 사람만이 긍정적인 마음가짐을 가질 수 있고, 역경 앞에서 빛나는 투지를 발휘할 수 있다.

자기 조절 능력이
사람의 차이를 만든다

   사실, 사람은 다 비슷비슷하다. 그들을 구분 짓는 것은 아주 작은 차이다. 이 작은 차이가 바로 인내심이다. 인내심이 강한 사람은 자기 조절 능력이 뛰어나고 자신의 인생을 남들과 다르게 조각하는 이들이다.

   성공한 사람들은 자신이 무엇을 원하는지, 어떤 일을 하고 어떤 일은 하지 말아야 하는지 명확히 알고 있다. 그들은 성공으로 가는 길 위에서 끝까지 인내하지 못하면 평생 실패를 견디며 살아야 한다는 사실을 잘 알고 있다.

   웨이원쥔(韋文軍)은 중국 선전시 인테리어 업계에서 전설적인 인물이다. 그의 회사는 짧은 기간 동안 눈부신 발전을 이뤄냈고,

많은 사람이 그의 성공 스토리에 귀 기울이게 되었다.

웨이원쿤은 미술전문대학교를 졸업하고 일자리를 구하기 위해
선전으로 갔다. 처음 면접을 보게 된 회사에서 그는 큰 충격을
받았다.

사장실에 면접을 보러 들어간 그는 자기소개를 시작했다.

"안녕하세요. 웨이원쿤이라고 합니다. 저는 올해 대학교를 졸업
하고……."

순간 사장이 손을 내저으며 말했다.

"그만 나가봐요! 우리 회사는 대학을 갓 졸업한 신입들은 필요
없어요!"

웨이원진은 크게 당황했지만 침착하게 말했다.

"이제 막 대학을 졸업하기는 했지만 저는 타고난 재능이……."

사장은 단호히 소리쳤다.

"우리 회사 직원들도 모두 타고난 재능의 소유자들이지. 그러니
어서 나가봐요!"

그러나 웨이원진은 포기할 줄 몰랐다. 그는 그 자리에서 자신의
작품 몇 개를 꺼내어 사장에게 보여줬다. 사장은 그의 작품을 훑
어보고는 마음에 들었는지 이렇게 물었다.

"우리 회사에서는 모두 컴퓨터로 작업하는데 가능하겠어요?"

웨이원진이 고개를 끄덕였다.

"네! 컴퓨터로 작업할 수 있습니다."

사장은 그에게 며칠 동안의 수습 기간을 주기로 했다. 그러나 불과 며칠 지나지 않아 사장은 그의 컴퓨터 실력이 형편없다는 것을 알게 되었고 다시 내쫓으려고 했다. 그런데도 웨이원진은 포기하지 않고 꿋꿋이 버텼다. 그는 컴퓨터로 작업하는 방법을 배우고 싶다며 월급은 필요 없으니 먹고 잘 수만 있게 해달라고 부탁했다. 결국 사장은 화장실 청소를 도맡아 하는 조건으로 회사에 남게 해줬다.

그날 이후 웨이원진은 눈코 뜰 새 없이 바쁜 하루를 보냈다. 그는 오전 내내 화장실 청소를 했고 점심을 간단히 먹은 후 이어서 남은 화장실을 청소했다. 청소는 오후 늦게야 끝났고 그는 그제야 컴퓨터로 작업하는 법을 배울 수 있었다. 모두가 퇴근한 후에는 화장실을 다시 한 번 청소하고 저녁을 먹은 다음 관련 서적을 찾아보며 배운 것들을 연습했다.

나중에 그는 건축에 대해 공부해야겠다는 생각이 들어 수석 설계사를 찾아갔다. 그 설계사는 매일 저녁 술을 마시는 습관이 있었다. 웨이원진은 돈을 털어 좋은 술과 안주를 준비해 가서 도움을 요청했고 수석 설계사는 그가 작업하는 것을 옆에서 볼 수 있도록 허락해줬다.

얼마 후 회사에서는 그를 정식 고용했는데 당시 그의 한 달 월급은 1,000위안이었다. 정식으로 일을 시작하고 얼마 안 되었을 때부터 그의 낙찰률은 굉장히 높았다. 사장은 그가 색에 대한 감각이 특별히 좋다고 판단해 수석 디자이너로 승진시켰고 월급도 6,000위안으로 올려줬다. 그리고 큰 프로젝트가 있을 때마다 그에게 맡겼다.

1999년 7월, 회사는 고급 별장을 짓는 대규모 프로젝트를 맡았는데, 웨이원진이 이 프로젝트의 총 책임자로 나서게 되었다. 그는 이미 숙련된 디자이너였다. 그는 두 달 동안 37장의 3D 설계도를 완성했고 고객들은 그의 디자인을 극찬하며 흔쾌히 프로젝트를 맡겼다.

그 후 웨이원진은 예술 총감독으로 승진했고 그의 월급은 어느새 2만 위안이 되었다. 게다가 해마다 지급하는 성과금도 두둑했다. 불과 1년 전까지만 해도 화장실에 쪼그려 앉아 변기통을 닦던 그가 이뤄낸 성과였다.

2년 후 그는 그동안 모은 돈으로 자신의 인테리어 회사를 차렸다.

웨이원진은 화장실 변기를 닦던 일을 고생이 아니라 신이 내려준 기회였다고 생각한다. 그래서 늘 감사한 마음으로 그때를 돌아본다고 한다. 그는 자신이 성공할 수 있었던 가장 큰 비결로 '인내'를 꼽았다. 회사로부터 수차례 거절당했지만 웨이원진은 인내심과 패기 하나만 믿고 버티며 서서히 실력을 다졌고 누구보다 훌륭한 인테리어 디자이너가 되었다.

사람이 살아가는 이유는 희망이 있기 때문이다. 내일은 오늘보다 아름다울 거라는 희망이 있기에 오늘의 고통을 참고, 미래는 지금보다 더 나을 거라는 희망이 있기에 아무리 힘들어도 인내하는 것이다.

무슨 일을 하든 처음에는 웨이원진처럼 여러 번 거절당하고 인정받지 못할 수도 있다. 그러나 그것이 간절히 원하는 일이라면 웨이원진처럼 포기하지 말고 끝까지 인내해야 한다. 변기를 닦아도 괜찮다는 태도와 결심이 필요한 것이다. 성공은 이처럼 많은 대가를 치르고도 끝없이 인내하며 자기 자신에게 냉혹한 사람만이 거머쥘 수 있다.

부정적인 감정은
바이러스처럼 퍼져 나간다

살다 보면 누구나 이런저런 스트레스에 시달리기 마련이다. 상사에게 틈만 나면 혼이 나고, 능력 있는 후배들이 끊임없이 치고 올라와 승진 기회는 점점 멀어지고, 고객들은 또 얼마나 까다로운지! 하지만 이것이 끝이 아니다. 집에 가면 배우자의 잔소리가 쏟아지고 아이들은 말을 안 듣고 시댁(처가)과의 갈등은 또 어떤가! 이런 스트레스를 받을 때마다 우리 마음속에는 뜨거운 불꽃이 타오른다. 그런데 만약 회사에서 불붙은 불꽃을 퇴근 전에 끄지 못하고 집으로 고스란히 가져가면 어떻게 될까? 퇴근하고 집에 갔는데 배우자가 소파에 누워 TV를 보느라 온종일 피곤하게 일하고 온 자신을 아는 체도 하지 않는다면 분명 첫마디부터 가시 돋친 잔소리를 내뱉게 될 것이다. 이렇게 시작된 말싸움은 결국 가족들 각자의 마음에 상처만 주고 끝날 것이다.

상점의 판매 매니저로 일하는 친구가 하나 있다. 그녀는 친절하고 일 처리가 꼼꼼해 고객 모두가 좋아했고 그 덕분에 상점을 찾는 단골손님도 많았다.

그런데 밖에서는 어떤 고객에게든 세상 친절하고 온화한 그녀를 여섯 살 딸아이는 세상에서 가장 무서운 엄마라고 생각했다. 아이는 엄마가 퇴근할 무렵이면 할머니에게 묻곤 했다.

"엄마 오늘 일찍 온대요?"

할머니가 그렇다고 대답하면 아이는 풀이 죽어 말했다.

"오늘은 엄마 기분이 좋아야 할 텐데요, 다들 엄마 기분을 상하게 하지 않도록 조심하세요."

아이의 할머니도 며느리를 이해하지 못하는 것은 아니었다. 바깥일이 워낙 힘들고 직장에서는 계속 고객들 눈치를 봐야 하니 그 스트레스가 오죽하겠는가. 그렇지만 엄마의 화를 돋울까 봐 전전긍긍하는 어린 손녀가 너무 불쌍하고 마음 아팠다.

그 친구 역시 처음에는 가족들에게 화풀이를 하는 것이 큰 잘못이라는 것을 알지 못했다. 그러나 시간이 흐를수록 가족들이 자신을 멀리한다는 것을 깨달았다. 사랑하는 딸아이는 엄마를 무서워해서 가까이 오려고 하지 않았고 남편도 늘 화만 내는 아내를 본 체 만 체했다. 그녀의 화풀이는 직장에서의 스트레스를 해소해주기는커녕 집 안에서 더 많은 갈등을 초래할 뿐이었고, 악순환이 반복되자 그녀는 답답함과 우울함을 호소하게 되었다.

직장인이라면 밖에서 생긴 부정적인 감정들을 절대 집에 가져가서는 안 된다. 집은 본래 따뜻하고 가족 간의 사랑이 넘치는 곳이어야 한다. 단결되고 화목한 분위기로 서로를 기쁘게 해줘야 하는 곳이다. 그런데 집에 들어서자마자 부정적인 기운을 쏟아낸다면 가족들은 두려움과 긴장 상태에 빠진다.

가족은 소중한 보물이다. 밖에서 일이 잘 풀리지 않았다고 가족들에게 귀에 거슬리는 말을 하고 화를 내는 것은 잘못이다. 그들이 왜 당신의 화풀이 대상이 되어야 한단 말인가?

물론 스트레스를 받고 화가 난다면 마땅히 풀어야 한다. 하지만 그 대상이 가족이어서는 안 된다. 회사에서 기분 나쁜 일이 있었다면 퇴근하는 버스 안에서 창밖의 풍경을 감상하면서 나와 마찬가지로 온종일 고생했을 배우자와 사랑하는 가족들을 떠올려보자. 그러면 마음속의 불쾌함과 미움이 조금씩 사라질 것이다. 사람이 기분 나쁜 일을 마음에 계속 품고 있으면 무엇이든 부정적으로 바라보게 된다. 그러나 즐겁고 화목한 장면을 떠올리다 보면 부정적인 감정은 저절로 해소된다.

지혜롭고 현명한 사람은 나쁜 감정이 자기 자신은 물론 자신의 인생을 망치도록 놔두지 않는다. 나쁜 감정을 해소하려면 어떻게 해야 할까? 먼저 자신이 느끼는 현재의 감정을 정확히 이해하고 나쁜 감정이 생긴 원인을 찾아 냉정히 분석해봐야 한다. 만약 내가 화를 내는 이유가 다른 사람의 잘못 때문이라면 그 때문에 내 소중한 시간과 감정을 소모하지 않도록 스스로 마음을 다독여야 한다. 사랑하는 사람과 영화를 보러 가거나 친한 친구들과 저녁을 먹으러 가거나 자기 자신에게 꽃 한 송이를 선물해 스스로 위로하는 것도 나쁜 감정을 해소하는 좋은 방법이다.

가족은 평생을 함께하는 동반자다. 힘든 일이 있을 때 고민을 털어놓고 함께 해결책을 찾는 것은 좋지만 절대 가족을 화풀이 대상으로 삼아서는 안 된다.

부정적인 감정의
배출구를 찾아라

마음속에 갖가지 스트레스와 부정적인 감정이 배출되지 않은 채 쌓여 있으면 면역력이 떨어지고 신체 기관들이 조절 능력을 잃어 각종 질병을 일으킨다. 이는 또한 정신적인 건강에도 영향을 미쳐 심한 경우 정신 분열을 일으키기도 한다. 1970년대 미국에서는 이러한 문제를 약 없이 치료하는 '카타르시스 요법'을 개발했다. 이를 통해 사람들이 마음속 근심과 걱정을 적당한 방법으로 발산해 심리적 안정을 유지할 수 있도록 장려했다.

카타르시스는 마음의 정화 혹은 감정의 해방을 의미한다. 즉, 내면의 부정적 감정이 해소되어가는 과정이다. 카타르시스 요법은 그 방법이 매우 다양하니, 자신에게 적합한 한두 가지를 익혀 마음속에 쌓인 부정적 감정을 깨끗이 쓸어내보자.

감정 배출 과정에서 눈물의 힘을 결코 과소평가해서는 안 된다. 어떤 사람은 눈물이 나면 이를 악물고서라도 참아야 한다 말하지만, 이는 감정을 다스리는 데 도움 되지 않을뿐더러 오히려 부정적인 기운을 더한다. 눈물을 억지로 참는 것이 천천히 자살하는 것과 마찬가지라는 말이 있지 않은가! 속상하고 우울할 때 한바탕 우는 것만큼 효과적인 치유법은 없다. 모든 슬픔과 괴로움을 눈물과 함께 쏟아내자. 우는 것은 우리 영혼이 목욕하는 것처럼 마음을 정화해준다. 그러니 눈물에 너무 인색하지 말고 나약한 모습을 보인다고 여겨 부끄러워할 필요도 없다.

네덜란드 학자들은 실험을 통해 〈플란다스의 개〉, 〈인생은 아름다워〉 같은 슬픈 영화가 사람들의 억눌린 감정과 스트레스를 해소하는 데 도움을 준다는 사실을 발견했다.

영화를 보는 동안 사람들은 슬픈 장면이 나올 때마다 눈물을 흘렸고 러닝타임이 끝나자 기분이 조금 가라앉아 보였다. 그러나 얼마 후 사람들의 기분은 빠르게 회복되었고 오히려 영화를 보기 전보다 좋아졌다.

생리적 관점에서 볼 때, 눈물을 흘리면 신경 압박으로 생겨난 독소가 밖으로 배출되고 뇌에서 흥분도를 높이는 유익한 물질이 나온다. 심리적인 관점에서 본다면 울음은 마음을 안정시켜주고 감정의 해방을 도와준다. 게다가 영화 속 슬픈 장면들을 통

해 지금 자신의 삶이 얼마나 아름다운지 깨닫게 되어 행복지수
도 상승한다.

부정적 감정을 해소하려면 타인에게 내 감정을 터놓고 이야
기할 수 있어야 한다. 남들에게 비웃음이나 원망을 살까 봐 감정
을 털어놓기 싫어하는가? 그러나 그 상대가 가족이나 친한 친구
라면? 그들은 누구보다 당신을 아끼고 사랑하는 사람들이니 힘
이 들 때는 찾아가 고민을 털어놓아도 좋다.

기분이 좋지 않을 때는 방향을 잃고 헤매거나 현실을 제대로
볼 수 없게 된다. 이럴 때 타인의 의견을 듣는 것은 매우 중요하
다. 꼭 조언을 얻지 못하더라도 자신의 이야기를 경청해주고 미
소를 지어주는 것만으로도 큰 힘을 얻고 위로받을 수 있다. 결국
누군가에게 자신이 지금 느끼는 감정을 털어놓는 것만으로도
기분이 훨씬 좋아질 수 있다.

부정적 감정을 해소할 또 한 가지 방법은 운동이다. 운동을 하
면 신체 활동에 집중하느라 괴로운 일들을 잠시 잊을 수 있다.
또 땀을 흘리며 운동하다 보면 땀방울과 함께 불쾌한 감정들도
모두 씻겨 나가는 듯한 해방감을 느낄 수 있다.

오스트레일리아 뉴잉글랜드대학교의 교수들은 조깅 같은 유
산소운동이 심리적 긴장감, 권태감 등을 완화해준다는 사실을
증명하기 위해 다음과 같은 비교 실험을 했다.

그들은 피험자들을 세 개 조로 나누어 첫 번째 조는 유산소운

동을, 두 번째 조는 강도가 조금 더 강한 무산소운동을, 세 번째 조는 아무 운동도 하지 않고 가만히 있도록 했다. 일정 시간이 지나고 각 조 피험자들의 신체 지표를 검사한 결과 첫 번째와 두 번째 조 사람들은 성취감과 행복감이 증가하고 스트레스는 줄어든 것으로 나타났다. 특히 유산소운동을 한 피험자들은 심리적 압박감과 정신적 피로감이 현저히 줄어들었다.

요컨대 조깅 등의 운동은 부정적 감정 해소에 긍정적이고, 일상생활에서 받는 스트레스와 감정 소모에 지친 사람들의 뇌에 활력을 불어넣는다.

나쁜 감정을 배출하는 것은 좋지만 이때 타인에게 상처를 주거나 하고 있는 일을 그르치지 않도록 주의해야 한다. 감정을 배출하는 데 정해진 방식은 없다. 그저 자신의 상황에 따라 적절한 방식을 선택해 마음속에 쌓인 우울함을 털어내고 심리적 압박에서 해방될 수 있으면 된다.

홍콩 영화배우이자 가수인 류더화(劉德華)의 노래 중에 이런 가사가 있다.

'남자들이여, 울어라! 우는 것은 죄가 아니다. 아무리 강한 사람도 지칠 권리가 있다.'

남자든 여자든 삶의 무게에 마음이 지치고 힘들 때면 내면에 쌓인 나쁜 감정들을 털어내고 스스로를 지혜롭게 다독여 행복감을 유지할 수 있어야 한다.

세상은 원래
공평하지 않다

나는 깜깜한 밤에 홀로 스크린을 켜고 고전영화 보기를 즐긴다. 어느 날 영화를 보다가 문득 우리 역시 속세라는 무대 위에서 각자 자신의 배역을 열심히 소화하는 배우들이라는 생각이 들었다. 영화 속에는 같은 배역을 맡은 사람이 하나도 없다. 하나의 거울이 사람마다 다른 모습을 비추고, 한 곳에서 시작된 길도 그 끝은 모두 다른 것처럼 세상 사람들이 살아가는 모습도 이처럼 저마다 다르다. 사람은 매 순간 지난 시간과 작별하며 살아가고 그 누구도 지나간 1분 1초를 다시 살 수 없다.

사람들은 세상 모든 일이 공평하고 합리적이기를 바란다. 그러다 보니 조금이라도 불합리한 상황이 발생하면 견디지 못하고 곧장 억울함과 불쾌함을 표시한다.

"그건 불공평해!"

"나도 갖지 못했으니 너도 가질 수 없어!"

공평함을 추구하는 것은 옳지만 조금이라도 불공평한 일을 당했을 때 이를 참지 못하고 심리적으로 위축된다면 주의가 필요하다. 세상이 언제나 완벽하게 공평할 수는 없다. 우리가 절대적으로 공평하다고 말하는 것도 실은 심리적인 것일 뿐이다.

거듭 말하지만 세상에 절대적으로 공평한 것은 없다. 공평함을 찾는 것은 옛 신화에나 나올 법한 전설적 동물이나 보물을 찾는 것만큼이나 불가능하다. 왜냐하면 세상은 절대 공평의 원칙대로 창조된 게 아니기 때문이다. 예를 들어 상어가 작은 물고기를 잡아먹는 것은 작은 물고기에게 불공평한 일이다. 그러나 작은 물고기는 새우를 잡아먹으니 그것은 새우에게 불공평한 일이고, 새우는 미생물을 잡아먹으니 미생물들에게 불공평한 일이다. 과연 누군가에게 잡아먹힐 운명을 타고난 생물들을 공평함 혹은 불공평함의 잣대로 평가할 수 있을까?

지진, 화산, 태풍 등 자연재해에 의한 피해는 인류에게 불공평하다. 어떤 사람은 태어날 때부터 예쁘고 똑똑하고 건강하지만 어떤 사람은 장애를 갖고 태어난다. 이것은 공평한가? 잘사는 나라의 국민은 너무 많이 먹어 다이어트를 한다고 난리지만 못사는 나라의 국민은 여전히 심각한 굶주림에 시달리고 있다. 과연 공평한가?

스포츠 경기나 시합은 공평함을 원칙으로 하지만 사실 시합의 규칙을 정하는 것도, 경기를 진행하는 것도 모두 사람이 하는 일이다. 결국 스포츠의 공평함이라는 것도 상대적 개념일 뿐이다. 사람은 저마다 좋아하는 것이 다르고 각자 다른 심미관, 가치관 등을 갖고 있으며 이러한 것들은 자신이 현재 처한 상황이나 연령대에 따라 끊임없이 변하기 마련이다. 그러므로 절대적인 공평함을 찾으려는 것은 환상일 뿐이다.

사람들은 모든 일에서 공평함을 찾으려 노력하지만, 세상에는 불공평한 일이 너무나 많다. 하지만 세상은 원래 그런 곳이니 슬퍼할 필요는 없다. 우리는 매일 불공평함 속에 살고 있고, 살다 보면 불공평한 대우를 받기도 한다. 그런데 그 가운데서 절대적인 공평함을 찾으려고 애쓴다면 심리적 균형을 잃고 불안과 초조함에 시달리게 된다. 날마다 이런 괴로움에 시달리느니 차라리 세상은 원래 불공평하다는 현실을 받아들이고 지나친 비교를 멈추어 인생을 한결 즐겁게 보내는 게 낫다.

만약 어떤 상황에서 불공평하다 불평하고 싶다면 먼저 자신에게 반문해보기를 바란다.

'과연 나는 최선을 다했나?'

'내가 제일 완벽한가?'

이런 질문을 자신에게 던지다 보면 원망과 억울한 마음이 조금씩 가라앉으면서 괴로움에서 벗어날 것이다.

유능한 청년이 있었다. 하지만 사람들은 청년의 재능을 알아보지 못했고 그는 자신의 포부를 펼칠 기회를 얻지 못해 괴로워했다.

어느 날 청년은 현인을 찾아가 물었다.

"왜 운명은 저에게만 이토록 불공평한 걸까요? 제 능력은 누구보다 뛰어난데 왜 기회가 오지 않는 거죠?"

현인은 청년의 물음에 답하지 않고 바닥에서 평범한 돌멩이 하나를 주워 옆에 있는 돌무더기에 던졌다. 그런 다음 청년에게 말했다.

"저 중에서 내가 방금 던진 돌멩이를 찾아오게."

청년은 돌무더기를 한참 동안 뒤졌지만, 현인이 던진 돌멩이를 찾지 못했다.

그때 현인이 주머니에서 반짝이는 금덩이를 꺼내 돌무더기에 던졌다. 청년은 금방 금덩이를 찾아왔다.

현인은 아무 말도 하지 않았지만, 청년은 금덩이를 줍는 순간 깨달았다. 자기 자신이 아직 평범한 돌멩이일 뿐임을! 만약 자신이 정말로 반짝반짝 빛나는 금덩이였다면 세상이 불공평하다고 원망할 이유도 없었을 것이다.

사람들은 대부분 이야기 속 청년처럼 불공평한 일 앞에서 세상을 원망하고만 있다. 정작 그 원인이 자기 자신에게 있는 것도 모르는 채 말이다. 불평하고 원망하기 전에 자기 자신에게 어떤 문제가 있는 것은 아닌지 냉정히 살펴봐야 한다. 더불어 남들과 비교하는 습관을 버리고 불공평한 일 앞에서도 평상심을 유지할 수 있어야 한다.

살다 보면 많은 우여곡절이 있고 때로는 불공평한 일을 당하기도 한다. 처음에는 이런 일들이 억울하고 받아들이기 힘들 수도 있다. 하지만 시간이 흐를수록 세상에 절대적으로 공평한 일은 없다는 사실을 깨닫게 될 것이다. 공평하지 않은 일에 담담하게 대처할 연습이 필요하다.

우유가 엎질러지면
다시 따르면 된다

'우리 인생의 작은 불행들이 거대한 불행을 막아준다.'

이는 대학교수이자 유명 작가인 다니엘 아이젠버그의 말이다. 이 말이 내게 더욱 와 닿았던 건 최근에 만난 동창 때문일 것이다. 그 친구는 건설업계에 종사하고 있었는데 운 좋게 돈을 많이 벌었다. 그 덕분에 친구들 사이에서도 언제나 우쭐거렸다. 그런데 최근 한 개발업체가 공사대금을 지불하지 않고 도망가는 바람에 인부들 임금조차 주지 못하는 곤란한 상황에 처했다. 그동안 일이 늘 순조롭게 풀렸기 때문에 그는 이번 충격에서 쉽게 헤어나지 못했다.

누구나 실패를 좋아하지 않는다. 안타깝게도 세상에는 영원히 성공만 하는 사람은 없다. 달리 말하면, 영원히 실패만 하는 사람도 없다는 의미다. 인생이라는 치열한 전쟁터에서 진정한 승자는 실패를 직면했을 때 그것을 뛰어넘을 용기와 능력이 있는 사람들이다. 반대로 패자는 실패의 늪에서 헤어나지 못하는 사람들이다.

나는 그 친구에게 이런 말들을 해주고 싶었지만 당장 내 조언보다 술 한 잔이 더 필요할 것 같아 아무 말도 꺼내지 못했다.

'엎질러진 우유 때문에 울지 마라'라는 속담이 있다. 어차피 엎질러진 우유라면 아무리 울고불고 눈물을 쏟아도 되돌릴 수는 없지 않겠는가.

인생을 살다 보면 얻는 것도 잃는 것도 있다. 이것은 누구도 피해 갈 수 없는 인생의 법칙이다. 무엇인가를 잃게 되면 안타깝고 속상하지만, 그것은 이미 우리 손을 영원히 떠난 것이다. 이미 잃어버린 것에 지나치게 집착하고 상실의 슬픔에서 헤어나지 못한다면 더 좋은 기회를 놓치게 된다.

이미 잃어버린 것 때문에 다른 행복을 놓쳐서는 안 된다. 한 번 엎질러진 우유는 아무리 후회한들 다시 주워 담을 수 없다. 그러니 지나간 일은 지나가도록 놔두고 현재의 행복에 집중하는 것이 더 중요하다.

사라 베르나르는 세계 희극 무대에서 50년 넘게 활약한 연극배우다. 그녀는 작품마다 자신만의 독특한 이미지를 창조해내는 뛰어난 배우였다.

그런데 그녀가 71세 때 갑자기 파산했다. 복은 겹쳐오지 않고, 화는 홀로 오지 않는다고 했던가! 파산 충격으로 심신이 미약해 있던 그녀는 어느 날 배에 오르다가 발을 헛디뎌 갑판 위로 떨어지고 말았다. 이 사고로 그녀는 다리에 큰 부상을 입었다. 의사는 최선을 다했지만 부상이 너무 심해 목숨을 살리려면 다리를 절단해야만 했다. 의사는 그녀가 이 사실을 알면 큰 충격을 받을까 봐 걱정했다.

그러나 의사의 걱정은 기우에 불과했다. 사라는 그다지 큰 충격을 받은 것 같지 않았다. 그녀는 오히려 담담한 목소리로 말했다.

"선생님께서도 별다른 방법이 없다고 하시니 그렇게 해야죠."

그 이후에도 사라는 별다른 감정 기복을 보이지 않았고 수술 당일에도 휠체어에 앉아 연극 대사를 연습했다. 나중에 누군가 그녀에게 연극 연습을 하는 것이 위로가 되느냐고 물었다. 그러자 사라가 대답했다.

"전 이미 모든 걸 받아들였는걸요. 더 이상의 위로는 필요 없을 것 같네요. 다만 제 수술을 위해 의사 선생님과 간호사 선생님들이 많이 수고하셨으니 그들을 위로해주고 싶을 뿐입니다."

수술 이후 요양을 마친 그녀는 세상을 떠나기 전까지 7년이라는 시간을 무대 위에서 보냈다.

사라 베르나르는 시련이 닥쳤을 때 현실을 직시하고 모든 것을 담담히 받아들였다. 그녀가 그랬듯 무엇인가를 잃었을 때 슬픔에 빠져 고통스러운 기억 속에 살기보다는 새로운 인생을 받아들이고 새로운 희망을 얻는 것이 현명하다. 인생은 새옹지마다. 어제가 얼마나 고통스러웠든 내일은 또 다른 기회가 찾아올 것이다. 그러니 현재에 멈춰 있지 말고 미래를 위해 앞으로 나아가야 한다.

타고르의 시 중 인생에서 우리가 얻고 잃는 것에 대해 잘 표현한 구절이 있다.

'태양을 잃었다고 울지 마라. 눈물이 앞을 가려 별을 볼 수 없게 된다.'

마음이 과거에만 머물러 있다면 인생은 제자리걸음만 할 뿐이다. 길어봤자 100년 남짓인 인생을 상실감에 빠져 하는 일 없이 헛되이 흘려보낸다면 괴로움만 더 커질 것이다.

우유가 엎질러졌을 때 주저앉아 울기보다는 현실을 받아들이고 우유를 다시 한 잔 따를 수 있어야 한다. 잃은 것은 잃은 것이고 시간은 거꾸로 흐르지 않는다. 1초 전에 일어난 일은 어차피 일어난 일이다. 1초 동안 일어난 실수 때문에 하루를 괴로워하며 보내는 건 인생의 큰 낭비다. 현실을 받아들이고 고통스러운 기억을 흘려보내야 새로운 태양을 맞이할 수 있다.

03

인생의 항해사가 되어라

: 내 감정의 주인은 바로 나다

자신이 진정 원하는 인생을 살아라 | 다른 사람의 발자국만 따라가면 길을 잃는다 | 남들의 비위를 맞추려고 노력하지 마라 | 자신에 대한 무지가 마음의 지혜를 가린다 | 유언비어에 대처하는 법 | 당신이 다리 위에서 풍경을 감상할 때 누각 위에 선 사람은 당신을 바라본다 | 자신에 대한 믿음이 가장 큰 무기다 | 무슨 일이든 자신을 위해 하라

자신이 진정 원하는
인생을 살아라

독립적 사고방식이 없으면 타인의 생각과 관점에 휩싸이고, 결국 누군가가 만든 게임 법칙 아래에서 그 사람의 목표를 실현하는 데 인생을 허비한다. 내가 원하는 방식대로 세상을 살려면 먼저 나만의 행동 원칙과 목표를 세워야 한다.

한 농부가 아들과 함께 당나귀를 끌고 시장으로 물건을 팔러 가고 있었다. 길가에 모여 있던 마을 아낙네 중 한 명이 두 사람을 가리키며 말했다.

"저것 좀 봐, 저 사람들 정말 바보 같지 않아? 당나귀가 있으면서 타지도 않고 힘들게 끌고 가고 있잖아."

90

농부는 얼른 아들을 당나귀에 태우고 자신은 그 뒤를 따랐다.

잠시 후 그들은 노인들이 모여 있는 곳을 지나게 되었다. 한 노인이 고개를 저으며 말했다.

"쯧쯧, 요즘 어린 것들은 부모를 공경할 줄을 모른다니까. 자식은 당나귀에 편히 앉아 가고 아비는 걸어가는 것이 말이 돼?"

농부와 아들은 얼른 자리를 바꿨다.

이번에는 아이를 안고 있는 젊은 아낙네들이 두 사람을 보며 말했다.

"저 불쌍한 아이 좀 봐. 아버지가 돼서 어쩜 저렇게 매정할까? 자기는 당나귀에 앉아 편하게 가고 아이는 뒤에서 걷게 하다니!"

농부는 얼른 아들을 자신의 뒤에 태웠다.

시장에 거의 도착했을 무렵 누군가가 소리쳤다.

"어머, 저 불쌍한 당나귀 좀 봐. 두 사람이나 타고 가고 있잖아! 자기네들이 직접 길렀을 텐데 어쩜 저렇게 막 대할까?"

농부와 아들은 이 말을 듣자마자 서둘러 당나귀에서 내려왔다.

결국 둘은 당나귀의 네 다리를 밧줄로 묶은 다음 막대에 건 뒤 앞뒤로 서서 당나귀를 떠메고 갔다.

숨을 헉헉대면서 간신히 시장에 도착한 농부 부자의 모습에 사람들이 일제히 웃음을 터뜨렸다.

"당나귀를 타지도 않고 저리 떠메고 다니다니! 정말 바보 같은 사람들이네. 하하하!"

사람들의 큰 웃음소리에 놀란 당나귀가 발버둥을 쳐 밧줄이 풀렸고, 이리저리 뛰어다니다가 결국 강물에 빠지고 말았다.

농부는 원칙도 목표도 없는 줏대 없는 사람이었다. 그는 타인의 생각이 자신의 행동을 지배하도록 내버려뒀는데, 결국 그에게 돌아온 것은 조롱뿐이었다. 우리 주변에도 남들이 말하는 대로 생각 없이 행동하는 사람이 많다. 이렇게 해서는 자기 자신은 물론 그 누구도 만족시킬 수 없다.

어떤 인생을 살아갈 것인지, 어떤 길을 걸을 것인지는 스스로 선택하고 결정할 문제다. 타인의 의견은 신경 쓸 필요 없다. 그들이 어떻게 생각하고 어떤 조언을 하든 가장 중요한 것은 자신만의 생각이다.

세상 그 어떤 이의 인생도 나와 완전히 똑같을 수 없다. 그러니 내 생각은 나만의 특별한 것이다. 이 사실을 명심한다면 진정한 내 인생을 살 수 있다.

칸트는 '모든 사람은 자신의 주인'임을 강조했다. 모든 사람에게는 자신의 생활을 지배하는 자주권이 있어야 하고, 이 자주권은 절대 다른 사람 혹은 사물의 영향을 받지 않아야 한다. 자기 자신의 주인이 되고 싶다면 타인의 의견이나 요구가 아닌, 자신의 신념에 따라 살아야 한다.

다른 사람의 발자국만
따라가면 길을 잃는다

인생은 매 순간의 선택들이 모여 만들어진 결과이다. 실패와 성공 역시 한순간의 선택으로 결정되기도 한다. 어떤 사람이 식당에서 메뉴판을 들고 한참 고민하다가 결국 옆 테이블의 손님과 같은 것을 주문했다. 그러나 요리가 나오자마자 그는 크게 후회했다. 그가 주문한 것은 하필 가장 싫어하는 음식이었기 때문이다. 이것은 주관 없는 행동이 어떤 결과를 부르는지 보여주는 좋은 예다.

유람선 위에서 각국의 상인들이 참가한 무역 상담회가 열리고 있었다. 그때 갑자기 사고가 났고, 유람선이 천천히 가라앉기 시작했다. 선장의 긴급 지시에 따라 부선장은 상인들에게 구명조끼를 입혀 배에서 뛰어내릴 준비를 시켰다. 하지만 부선장이 아무리 설득해도 겁먹은 상인들은 바다에 뛰어내리려고 하지 않았다. 결국 선장이 직접 나서서 사람들을 설득했다.

놀랍게도 선장의 말에 상인들은 하나둘 바다로 뛰어들었다. 부선장이 깜짝 놀라며 선장에게 어떻게 말한 거냐고 물었다.

"어렵지 않네. 영국인에게는 물에 뛰어드는 일이 건강에 좋은 운동이라고 말해줬고, 프랑스인에게는 아주 멋지고 세련된 일이라고 일러줬지. 독일인에게는 반드시 이 명령을 따라야 한다고 말했고, 미국인에게는 보험에 들어 있으니 안심하고 뛰어내리라고 했네. 마지막으로 중국인에게는 당장 뛰어내리지 않으면 죽을 텐데 그럼 부모님은 누가 보살펴드리느냐고 말했네."

선장은 문제를 가장 빠르고 효과적인 방식으로 해결했다. 그가 각 나라 상인들 설득에 성공할 수 있었던 이유는 경제학에서 자주 사용되는 '차별화전략'을 적절히 이용했기 때문이다. 나라마다 성향이 다른 상인들에게 똑같은 방법을 사용해서는 문제를 해결하기 어려웠을 것이다. 이 이야기는 또 한편으로 생각하면 상인들 모두가 자신민의 시고방식을 가졌음을 보여준다.

이야기가 다소 과장된 면이 있지만, 실제로 우리 주변에는 타인의 말을 맹목적으로 따르는 사람이 많다. 다른 사람이 하는 대로 따라가다 보면 스스로 생각하는 법을 잊게 되고, 결국 자아를 상실하고 만다. 무엇보다 누군가의 뒤만 따른다는 것이 얼마나 재미없는 일인가!

취업 면접에서 사람들이 가장 많이 저지르는 실수는 진짜 자신의 모습을 보여주지 않는 것이다. 면접자 대부분은 자신이 어떤 사람인지 보여주기보다는 면접관이 원하는 답은 무엇인지, 어떻게 대답해야 완벽에 가까운지 생각하기에만 급급하다. 사실, 면접관들이 보고 싶어 하는 것은 면접자의 진짜 모습이고, 그의 역량이 회사 업무와 잘 맞는지 여부다. 어차피 자신의 역량과 맞지도 않는 회사를 눈속임으로 들어간들 업무 성과가 좋지 않아 해고당할 테니 결과는 똑같은 셈이다.

다른 사람의 생각은 인정하고 따르면서 자기 자신을 부정하는 것은 무지를 넘어 정말 바보 같은 일이다. 자기 자신조차 스스로 의심하는데 그 누구에게 인정받을 수 있겠는가. 그러니 남

들의 생각에 이끌려 다니지 말고 주체적으로 자신의 가장 진실한 모습을 드러내며 살아야 한다.

물론 성공한 사람들을 보면서 그들의 훌륭한 점을 배우는 것은 좋다. 그러나 좋은 점이라고 무조건 모방하는 것은 옳지 않다. 또 어떤 일에 타인의 조언을 참고하는 것은 괜찮으나 타인이 결정을 내리도록 해서는 안 된다.

꿈을 이루는 과정에서 생각과 현실이 크게 다를 수 있다. 그렇다고 해서 대중의 기호에 맞춰 나를 바꿀 필요는 없다. 나와 다른 것을 만났을 때 가장 먼저 해야 할 일은 그게 나와 맞는지 따져보는 것이다.

남들의 비위를 맞추려고
노력하지 마라

모든 사람이 좋아하고 입에 침이 마르도록 칭찬하는 그런 인물이 있다. 그는 가족을 위해 그 어떤 고생도 마다하지 않고 친구들에게 헌신적이며 낯선 사람 또한 최선을 다해 도와준다. 그러면서도 한마디 불평이나 원망도 없다.

이런 사람은 얼핏 아주 완벽해 보이지만 심리학자들은 남들한테 지나치게 호의적인 것 역시 일종의 마음의 병이라고 본다.

직장생활을 하는 사람이라면 상사에게 잘 보이기 위해 마음에도 없는 말로 아부하고 굽실거린 경험이 있을 것이다. 그런데 시종일관 다른 사람의 비위를 맞추려고 애쓴다면? 이는 심리적으로 불안하고 자신에 대한 믿음이 부족하다는 의미다. 이런 사람들은 인생에 닥친 시련이나 실패를 잘 견디지 못한다. 누군가에게 잘 보이려고 애쓸수록 더 큰 외로움을 느낀다. 미국의 심리학자 레스 바바넬은 말했다.

"누군가가 아낌없이 친절을 베푸는 것은 자신의 심리나 성격을 감추기 위함이다."

물론 직장에서는 혼자 능력이 뛰어나다고 해서 반드시 인정받는 것은 아니므로 적당히 다른 사람들의 비위를 맞추는 법도 알아야 한다. 남들보다 능력이 뛰어나다면 훌륭한 직원임이 틀림없지만, 상사가 승진자를 결정할 때 능력 외에도 그 사람의 성격이나 인간적인 매력 등을 두루 고려할 테니 말이다. 단, 이것은 어디까지나 충분한 능력을 갖췄을 때의 이야기다.

샤오왕은 집안도 부유하고 다방면에 뛰어난 재능을 가졌다. 그녀는 어려서부터 수출 무역에 관심이 많았던 터라 대학교를 졸업하고 한 무역 회사에 들어갔다.

처음 입사했을 때 샤오왕은 열정이 넘쳤고 모든 직원에게 친절하려고 애썼다. 그녀는 동료들에게 모르는 것을 물어볼 때마다 그들을 존경한다는 의미로 '선생님'이라고 불렀다. 그녀는 그들을 띄워주려는 의도였지만, 정작 동료들은 그 호칭을 부담스러워했다.

어느 날 샤오왕은 입사하고 많은 도움을 준 동료들에게 고마움의 표시로 식사를 대접하겠다 했다. 그들이 도착한 곳은 5성급 호텔에 있는 고급 레스토랑이었다. 동료들은 깜짝 놀라 서로의 얼굴만 쳐다볼 뿐 아무 말도 하지 못했다. 식사를 마치고 계산하는데 호텔 직원이 5천 위안도 넘게 나온 계산서를 내밀었다. 그녀는 아무렇지도 않게 카드를 건넸지만, 동료들은 너무 비싼 음식을 대접받은 것이 부담스러웠다. 그녀는 노래방도 쏠 테니 함께 가자고 청했지만, 모두 갖가지 핑계를 대며 손을 내저었다. 그 후에도 샤오왕은 틈만 나면 동료들에게 이런저런 이유로 고가의 선물을 줬다. 동료들은 계속 선물을 받는 것이 부담스럽지만 거절하는 것도 예의가 아닌 듯하여 억지로 비슷한 선물로 화답하기에 이르렀다. 그녀의 행동은 주변 사람들을 점점 더 불편하게 만들었고, 급기야 그녀의 부탁을 외면하며 일부러 거리를 두기 시작했다.

샤오왕은 동료들의 냉대를 이해할 수 없었다. 그동안 그들에게 잘 보이려고 얼마나 노력했는데, 왜 다들 자기를 멀리하려고 하는지 알 수가 없었다.

샤오왕은 알지 못했다. 직장생활에서 중요한 것은 동료들의 비위를 잘 맞추는 게 아니라 자신의 능력을 키워 회사에 보탬이 되는 것임을 말이다. 능력도 없이 그저 남들의 비위를 맞추는 데만 급급하면 사람들의 호감을 얻기는커녕 전혀 존중받지 못한다.

남들의 비위를 맞춘다는 것은 스스로 상대보다 못하다는 것을 증명하는 꼴이다. 그러니 진심이 아닌 아부로 누군가의 비위를 맞추기보다는 그 시간을 자기 능력을 키우는 데 힘쓰라.

상황에 따라서는 타인의 기분을 맞춰줄 융통성도 필요하다. 그러나 매사에 누구에게든 무조건 호의적인 것은 그저 능력 없고 주관도 없는 사람으로 비치기 십상이다. 이런 인식 속에서는 당연히 존중받기 힘들다. 무엇보다 정도를 지키는 것이 중요하다.

자신에 대한 무지가
마음의 지혜를 가린다

중국의 역사학자 첸무(錢穆)의 저서 《인생십론(人生十
輪)》에 이런 글이 나온다.

'모든 생명은 본래 맑고 깨끗하다. 불교에서는 이를 여래장(如
來藏)이라고 한다. 여래장은 사람이 어머니 배 속에서부터 가지
고 태어나는 불성(佛性)이다. 그런데 세상 사람들은 이것을 계속
밖에서만 진리를 찾으려다가 방황하게 된다.'

모든 사람은 그 자신이 무궁무진한 보물창고이며 귀한 보물
은 그의 본성 안에 담겨 있다. 하지만 무지한 사람은 자신이 얼
마나 부유한지 모르고 다른 사람에게 가르침을 구걸한다. 학생
이 처음 공부할 때는 선생님의 가르침이 필요하지만 일단 방법

을 익히고 나면 나머지는 자신의 능력으로 답을 찾아야 한다. 자신에게 어떤 능력이 있는지 살피지 않고, 지혜를 발휘하려는 노력 없이 누군가가 가르쳐주기만 기다린다면 무지에서 벗어날 수 없다.

한 거지가 다 해어진 옷을 입고 30년 넘게 거리에서 구걸 중이었다. 어느 날 한 남자가 거리를 지나가자 거지는 여느 때처럼 일어나 컵을 내밀며 말했다.

"선생님, 한 푼만 줍쇼!"

남자가 말했다.

"미안하지만 나는 돈이 한 푼도 없어요. 당신한테 줄 만한 물건도 하나 없고요. 그런데 당신이 앉아 있는 그 상자에는 뭐가 들어 있나요?"

거지가 대답했다.

"글쎄요. 아주 오래전부터 앉아 있었는데 그냥 낡은 상자일 뿐이에요. 안에 아무것도 들어 있지 않을 거예요."

"한 번도 상자를 열어본 적이 없단 말인가요? 안에 무엇이 들어 있는지 궁금하지 않아요?"

"그럴 필요 있나요? 안에 아무것도 없을 거라니까요."

남자는 포기할 줄 몰랐다.

"그러지 말고 한번 열어보세요."

거지는 하는 수 없이 녹슨 열쇠로 상자를 천천히 열어보았다. 그러자 생각지도 못한 일이 벌어졌다. 알고 보니 상자 속에는 금은보화가 가득 차 있었던 것이다.

거지가 30년 넘게 거지생활을 청산하지 못한 것은 남에게 구걸하는 행위를 멈추지 못했기 때문이다. 만약 그가 한 번이라도 자신이 가진 것을 제대로 살펴보았더라면 일찍이 거지생활을 면했을 것이다.

비단 이 거지뿐만 아니라 많은 사람이 자기 자신에 대한 무지 때문에 지혜를 발휘하지 못한다. 그들은 자신이 본래 얼마나 많은 것을 가졌는지 잊은 채 구걸만 한다. 그러나 자신의 본성을 조금만 자세히 들여다본다면 무궁무진한 지혜가 담겨 있음을 발견하게 될 것이다.

자기 자신에 대한 이해가 부족하면 인생의 갈피를 못 잡고 방황하게 된다. '옷 속에 보물이 감춰져 있는지 모르고 평생 고생을 한다'라는 불교의 가르침처럼 자신이 본래 가지고 있는 '보물'을 잊는 어리석음은 정말 안타깝다. 우리가 날 때부터 품은 보석을 발견하고 지혜를 발휘해 자기 자신을 살핀다면 지금보다 더 나은 인생을 살 수 있다.

살면서 가장 중요한 일은, 자기 자신을 제대로 이해하고 잠재력을 찾아내 용기와 패기로 그것을 발휘하는 것이다. 자기 자신조차 스스로 이해하지 못하고 자신의 존재 가치를 의심한다면 인생에서 어떤 즐거움을 찾을 수 있겠는가.

유언비어에
대처하는 법

루쉰(魯迅)은 저서 《화개집(華蓋集)》에서 말했다.

'나는 온갖 유언비어에 괴로워하지 않는다. 만약 괴로워했다면 한 달에 몇 번이고 괴로웠을 텐데, 그랬다면 오늘날까지 살지 못했을 것이다.'

모든 유언비어는 현자에게 이르렀을 때 발걸음을 멈춘다. 지혜로운 사람은 떠돌아다니는 소문과 거짓말에 속지 않지만, 소문을 만들어내는 사람들은 인생의 밝은 빛을 잃고 헤맨다. 그러니 그들이 떠드는 말에 크게 신경 쓸 필요는 없다. 몸이 곧으면 그림자가 비뚤어지는 것을 두려워하지 않는다고, 남들이 뭐라 떠들든 내 갈 길을 계속 가면 된다.

세상에 남을 탓하지 않는 사람이 어디 있으며, 뒤에서 손가락질을 받지 않을 사람이 어디 있겠는가. 인터넷이 빠르게 발전하면서 각종 유언비어가 난무한다. 유언비어가 당사자에게 미치는 파급력은 굉장히 강하고 그 피해는 이루 말할 수 없이 크다. 누군가의 작은 오해에도 억울한 마음이 들기 마련인데, 사실도 아닌 이야기가 사방에 퍼져 온갖 멸시가 쏟아진다면 어떻겠는가. 그러나 남들이 언제 어디서 무슨 말을 할지 일일이 관리할 수 없다. 우리가 할 수 있는 일은 유언비어가 내 인생을 망치도록 내버려둘지, 아니면 남들이 뭐라 하든 상관하지 않고 내 갈길을 갈지를 선택하는 것뿐이다.

능력이 뛰어난 사람일수록 항간에 떠도는 소문도 많은 법이다. 그러나 이러한 소문들을 모두 마음에 담아둔다면 일상생활과 일 모두에 지장을 줄뿐더러 인생 전체를 비극으로 몰아갈 수 있다.

자기보다 잘난 사람을 보면 시기심에 눈이 멀어 그들에게 상처를 줄 말들을 꾸며내는 사람들이 있다. 이들은 우리 주변 어디에나 있지만 대부분 어둠 속에 숨어 모습을 잘 드러내지 않는다.

흙탕물에서 피어나지만 더러움에 물들지 않는 연꽃처럼 우리도 그렇게 살아야 한다. 마음에 거리낌이 없고 평소에 바르게 생활했다면 그 어떤 유언비어도 마음에 담아놓을 필요가 없다. 더욱이 내가 괴로워하고 상처받는다고 해서 나쁜 소문을 퍼뜨리는 그들의 입을 막을 수는 없다. 그들에게 반격할 유일한 방법은 내가 더 나은 사람이 되는 것뿐이다.

마르팡 증후군(뼈, 근육, 심장 등의 이상 발육을 유발하는 선천성 발육 이상 증후군)이라는 희귀병을 앓는 미국 여성이 있었다. 그녀는 몸에 지방을 축적하지 못하는 지방 대사 장애까지 앓고 있었다. 그래서 몸무게가 26킬로그램밖에 나가지 않았고 오른쪽 눈은 완전히 실명한 상태였다.

그녀는 어려서부터 남들과 다른 외모 때문에 친구들에게 놀림을 많이 받았고 잘 어울리지 못했다. 그러던 중 열일곱 살에 인터넷에서 우연히 '세상에서 가장 못생긴 여자'라는 제목의 짧은 영상을 보게 되었는데 놀랍게도 그 영상의 주인공은 바로 그녀 자신이었다. 알고 보니 누군가가 그녀를 몰래 촬영해 인터넷에 올리고 '희대의 추녀'라는 검색어로 관심을 끌고 있었던 것이다. 이 영상의 조회수는 순식간에 400만이 넘었고 그 밑에는 그녀를 조롱하는 댓글들이 달렸다.

'저렇게 이상하게 생긴 애를 키우다니 저 부모님도 참 대단하다!'

'저런 애들은 세상에서 사라져야 해!'

'나 같으면 벌써 자살했겠다!'

그녀는 댓글들 때문에 상처받았지만 좌절하지 않고 똑같이 인터넷의 힘을 빌려 대응하기로 했다. 그녀는 먼저 소셜네트워크

개정을 개설해 자신이 생활하는 모습을 올렸는데 조회수가 순식간에 30만을 넘겼다. 그리고 자신이 그동안 살면서 경험했던 일들을 짧은 다큐멘터리로 만들어 공유했다. 영상은 이내 영화관의 대형 스크린에서 상영되기에 이르렀다. 그녀는 자기와 비슷한 처지의 사람들을 보호하기 위해 국회에 모욕죄 관련 법안을 올렸고, 이러한 노력을 통해 장애를 가진 모든 사람이 자신감을 되찾을 수 있기를 바랐다.

살다 보면 누군가가 악의적으로 퍼뜨리는 유언비어 때문에 상처를 받기도 한다. 거꾸로 생각해볼 때, 당신에게 상처가 될 말들을 지어낸다는 건 그들 생각에 당신이 뛰어나기 때문일 수 있다. 그러니 남들이 뭐라 하든 신경 쓰지 말고 묵묵히 능력을 쌓아 여봐란듯이 더 나은 사람이 되도록 노력해라.

유명한 무용가이자 토크쇼 진행자인 진싱(金星)은 말했다.

"유언비어에 대처하는 가장 좋은 방법은 산 정상에 오르는 것이다. 정상에 다다를 때쯤이면 그 누구의 침 한 방울도 당신에게 닿을 수 없다."

어떤 상황에서도 긍정적인 마음가짐을 잃지 않고 정상에 오르기를 두려워하지 않는다면, 그 어떤 유언비어도 당신을 무너뜨릴 수 없다.

당신이 다리 위에서
풍경을 감상할 때,
누각 위에 선 사람은
당신을 바라본다

    모든 인생에는 각자 자기만의 이야기와 특별한 매력이 있다. 그러나 사람들은 자신이 얼마나 많은 것을 갖고 있는지, 얼마나 행복한 인생을 살고 있는지 깨닫지 못한 채 늘 다른 누군가의 인생을 부러워하고 그들처럼 되기를 원한다. 우리가 행복하지 않다고 느끼는 이유도 바로 이 때문이다. 하지만 아무리 완벽해 보이는 인생에도 어둡고 괴로운 면은 있는 법이다.

    사람은 풍경을 감상할 수도 있고, 누군가의 풍경이 될 수도 있다. 또 달빛이 자신의 창문을 장식하는 것을 볼 수도 있고, 다른 사람의 꿈을 장식하는 달빛이 될 수도 있다. 서로 다른 인생이 서로를 장식할 수 있고, 서로 다른 삶의 모습이 서로를 돋보이게 할 수 있다. 사람들은 다른 누군가를 부러워하면서 자기 자신이 누군가에게는 부러움의 대상이 될 수도 있음을 알지 못한다. 내가 갖지 못한 것에 집착하느라 잊고 있는 모든 것이 다른 누군가에게는 간절히 원하는 것일 수도 있다.

남자들은 가장으로서의 역할이 힘들 때마다 다음 생에는 여자로 태어나야겠다고 불평한다. 여자들은 다음 생에는 남자로 태어났으면 좋겠다며 하소연한다. 보통 사람들은 별장을 소유하고 고급 승용차를 모는 스타들을 부러워하고 그들처럼 주목받기를 원한다. 하지만 정작 스타들은 평범한 일상을 그리워한다.

사람은 누구나 완벽하지 않고 각자 저마다의 아픔을 지니고 산다. 우리가 부러워하는 모습은 그 사람의 반짝이는 일부분이라는 사실을 기억해야 한다. 언젠가 그토록 선망하던 누군가의 모습처럼 살게 되었을 때 반짝이던 그것이 생각만큼 아름답지 않음을 알게 될 것이다.

유튜브에 조회수 1000만 이상을 기록한 4분 가량의 짧은 영상이 있는데 혹자는 이 영상이 자신의 인생을 완전히 바꾸었다고 말했다.

한 갈색머리 소년이 남루한 옷을 입고 빌가락이 디 드러난 낡은 신발을 신고 서 있었다. 주변에 있는 사람들은 다들 한마디씩 하고 지나갔다.

"저 더러운 신발 좀 봐."

"어디서 주워온 건가 봐."

"쓰레기통에서 주워왔겠지."

소년은 부끄러워 얼굴을 들 수가 없었다. 그는 조용히 냇가로 걸어갔다. 돌아올 때 보니 옷을 말끔히 차려입은 한 소년이 벤치에 앉아 있었는데 그는 값비싼 신상 운동화를 신고 있었다. 행색이 남루한 소년은 발바닥이 반쯤 드러난 자신의 신발을 내려다보았다. 자존심이 상한 소년은 커다란 나무 아래 주저앉아버렸다. 소년은 신발을 벗어 인형극을 하듯 양손에 끼고서는 혼잣말을 했다.

"우리 꼴 좀 봐. 세상은 왜 이렇게 불공평한 걸까?"

"그러게 말이야. 그렇지만 우리가 바꿀 수 있는 건 없어."

"난 정말 지금처럼 살고 싶지 않아. 저기 있는 저 소년처럼 되고 싶어!"

소년은 눈을 감고 마음속으로 되뇌었다.

'제발 저 소년처럼 되게 해주세요. 제발 저 소년처럼 되게 해주세요……'

하늘도 그의 간절한 소원을 들었는지 정말로 기적이 일어났다. 소년이 눈을 떴을 때 정말로 벤치 위에 앉은 소년과 몸이 바뀌어 있었던 것이다. 소년의 발에는 바라던 대로 최신 운동화가 신겨져 있었다.

소년은 꿈이 이루어졌다는 사실에 기뻐 어쩔 줄 몰랐다. 그때 멀리서 한 노인이 휠체어를 밀고 그의 곁으로 다가왔다.

"애야, 놀러갈 준비 다 되었니?"

알고 보니 값비싼 운동화를 신고 있던 소년은 두 다리를 쓸 수 없는 장애가 있어 휠체어의 도움을 받아야만 움직일 수 있었던 것이다. 소년은 후회했지만 되돌릴 수 없었다.

멀지 않은 곳에서는 남루한 옷차림의 소년이 발가락이 드러난 신발을 신고 기쁨에 젖어 폴짝폴짝 뛰고 있었다.

아무리 평범한 사람에게도 누군가 부러워할 자산이 있기 마련이다. 다만 자신은 그 사실을 모를 뿐이다. 소년이 낡아빠진 신발을 보며 울상 짓고 있을 때 또 다른 누군가는 자신의 힘으로 걸을 수 있는 두 다리를 갈망했다. 소년은 소원을 이룬 대신 건강한 신체와 자유를 잃었다. 그러니 이제 아무리 완벽한 운동화가 있다 한들 무슨 의미가 있을까?

아무리 행복해 보이는 인생도 겪어보기 전에는 모르는 것이다. 그러니 다른 사람의 인생을 부러워하기보다 현재 자신이 가진 것들을 소중히 여기고 감사하며 사는 게 가장 중요하다.

다른 사람의 인생을 부러워하는 것은 자신의 인생이 더욱 완벽해지기를 바라는 마음에서다. 그러나 우리가 아무리 노력해도 그 사람과 똑같아질 수는 없다.

타이완의 일러스트 작가 지미 리아오는 말했다.

"사람은 늘 다른 사람의 인생을 동경하고 그들처럼 행복해지기를 바라지만 고개를 조금만 돌려보면 또 다른 누군가가 자신의 인생을 부러워하고 있는 걸 발견할 수 있습니다. 사람은 누구나 행복합니다. 다만, 그 행복이 다른 사람들 눈에만 보일 뿐이죠."

당신은 행복하지 않은 것이 아니다. 그 행복이 다른 사람의 그림자에 가려 보이지 않을 뿐이다. 더 이상 누군가를 부러워하지 않을 때 당신 삶에 숨어 있던 행복은 그 모습을 드러낼 것이다.

자신에 대한 믿음이
가장 큰 무기다

시작도 하지 않고 '가능하다' 혹은 '불가능하다'로 단정할 수 있는 일이란 없다. 모든 일은 끝날 때까지 그 결과를 알수 없기 때문이다. 스포츠 브랜드 리닝에서는 한때 이런 광고 문구를 내세운 적이 있었다.

'Anything is possible(무엇이든 가능하다).'

사람은 마음먹기에 따라 무슨 일이든 이룰 수 있다. 살면서 종종 큰 난관에 봉착하겠지만 해결 방법을 찾을 수 있을 것이다.

누구나 성공하고 싶어 한다. 그러나 부정적인 마음가짐을 가진 이들은 성공을 '소수의 사람만 누릴 수 있는 특권'이라고 생각하고 자신은 그 소수에 포함되지 않는다 단정해버린다.

혹시 당신도 그렇게 생각하는가? 만약 그렇다면 당신은 자신의 능력을 의심해 충분한 능력이 있음에도 '불가능'이라는 핑계로 눈앞에 닥친 난관들을 외면하고 스스로를 점점 더 나약하게 만들지 모른다.

과연 우리의 성공은 정말로 불가능할까? 성공을 결정하는 것은 조건이나 주변 환경이 아니라 바로 자신의 결심이다. 다시 말해 성공 여부는 오로지 자기 자신에게 달렸다.

시인이자 사상가였던 에머슨은 "자신이 할 수 있다고 믿으면 반드시 승리한다"라고 말했다. 결심은 태도를 결정하고, 태도는 행위를 결정하며, 행위는 결과를 결정한다. 어떤 상황에서도 자신의 가능성을 믿고 성공과 승리를 확신하는 사람들은 이러한 믿음이 강심제 역할을 해 원하는 결과를 얻게 된다.

1945년 스웨덴의 군데르 하그가 1마일을 4분 01초 04만에 달리는 기록을 세웠을 때 사람들은 이것이 인간의 한계라고 말했다. 그 후로 8년간 아무도 이 기록을 깨지 못했다. 그런데 어느 날 영국 옥스퍼드대학교에 다니는 로저 베니스터가 자신이 4분이라는 기록을 깨겠노라 결심하며 나섰다. 사람들은 비웃었지만 베니스터는 '그래, 난 할 수 있어!'라고 끊임없이 되뇌며 눈이 오나 비가 오나 계속 연습했다.

1954년 5월 6일 베니스터는 드디어 인간의 한계를 넘어섰다. 그가 기록을 세우는 순간 해설자가 소리쳤다.

"세계 신기록이 탄생했습니다! 3분 59초 04! 베니스터가 인간의 한계를 넘어서는 쾌거를 이루어냈습니다!"

그날 저녁 베니스터는 방송에 출연해 담담히 이야기했다.

"인류의 정신은 굴복하는 법을 모릅니다. 이 기록을 반드시 깰 수 있다고 믿고 끊임없이 자기암시를 하면 머지않아 강렬한 신념으로 변합니다. 그리고 결국 불가능한 일을 가능하게 만들 수 있습니다."

로저 베니스터는 자신을 굳게 믿었고 '그래, 난 할 수 있어!'라는 말로 스스로를 응원했다. 그는 실패를 두려워하지 않았고, 고된 연습도 마다하지 않았다. 그리고 마침내 세계 기록을 깨뜨려 많은 사람의 존경을 받게 되었다.

'초점주의'는 심리학 용어로, 어느 한 대상에 집중적으로 초점을 두는 것을 의미한다. 어떤 난관에 직면했을 때 불가능하다는 평계 대신 모든 주의력을 '가능하다'에 집중하다 보면 해결 가능한 방법을 찾고, 이를 통해 문제를 풀 수 있다.

라이언 레작은 캐나다에 사는 평범한 초등학교 1학년 소년이었다. 라이언은 어느 날 선생님에게 아프리카 사람들의 이야기를 듣게 되었다. 아프리카 아이들은 가난해서 장난감이 없는 것은 물론이고 음식과 깨끗한 물이 부족해 힘든 어린 시절을 보내고 있으며 오염된 물을 오랫동안 마셔 병에 걸려 죽는 어린이도 많다는 내용이었다.

라이언은 학교가 끝나자마자 집으로 달려가 엄마에게 말했다.

"엄마, 칠십 달러(캐나다달러, 약 6만 원)면 아프리카 아이들을 위한 우물 하나를 만들 수 있대요. 저한테 칠십 달러만 줄 수 있어요?"

엄마가 대답했다.

"라이언, 그건 안 되겠구나. 칠십 달러면 꽤 큰돈인데 우리도 형편이 그리 넉넉하지 않단다."

라이언은 매일 밤 잠들기 전에 아프리카 친구들이 깨끗한 물을 마실 수 있게 해달라고 간절히 기도했다. 엄마는 라이언이 돈을 모을 수 있게 카펫 청소, 유리창 닦기, 낙엽 쓸기 등의 일을 도울 때마다 2달러씩 줬다.

4개월 후, 라이언은 열심히 모은 70달러를 들고 엄마와 함께 한 구호 단체를 찾아갔다. 그런데 그곳 직원은 우물 하나를 만들려면 2,000달러(약 175만 원)가 필요하고 70달러로는 물 펌프 하나 정도밖에 사지 못한다고 말했다.

엄마가 한숨을 내쉬었다.

"집안일을 돕는 것만으로는 그렇게 큰돈을 모으기 힘들 것 같구나. 얘야, 네가 아무리 애써도 세상은 쉽게 바뀌지 않는단다."

"아니요, 전 할 수 있어요! 모두가 조금씩 노력한다면 세상을 바꿀 수 있어요."

라이언은 한참을 고민한 끝에 친구들에게 도움을 요청하기로 했다. 우선 교탁 위에 양동이 하나를 올려놓고 각자 자신이 모은 돈을 넣어달라 이야기했고 엄마에게는 친척들과 친구들에게 도움을 청하는 이메일을 보내달라고 부탁했다. 얼마 후 몇몇 사람이 라이언의 이야기에 감동을 받아 돈을 기부하고 싶다는 답장을 보내왔다. 이 이야기는 사람들의 입을 통해 전해지면서 켐트빌의 한 신문에 '라이언의 우물'이라는 기사가 실리게 되었다.

라이언의 이야기는 캐나다 전역으로 퍼졌고 많은 사람이 '아프리카 아이들을 위한 우물 만들기' 활동에 참여하게 되었다. 그리고 5년 후 한 소년의 꿈은 수천 명이 참여하는 대규모 자선 사업으로 발전했다.

이런 노력 덕분에 물 부족 문제가 가장 심각했던 우간다 지역 사람들 중 절반 이상이 깨끗한 물을 마실 수 있게 되었다. 미디어에서는 평범한 소년이 이루어낸 기적에 라이언을 '캐나다의 정신'이라고 칭송했다.

어떤 일을 시작하기 전에 가장 먼저 할 일은 '불가능'이라는 부정적인 암시를 버리고 대신 '그래, 난 할 수 있어!'라는 긍정적인 암시로 자신감을 계속 불어넣는 일이다. 그리고 '초점주의'를 '가능하다'에 집중해서 자신이 해결 가능한 모든 방법을 다 동원하고 있는지, 모든 가능성을 열어두고 있는지 생각해봐야 한다.

'그래, 난 할 수 있어!'는 자신감이 충만한 상태나 현실을 무시한 맹목적인 긍정이 아니라 단지 내게 닥친 난관을 이겨내자고 응원을 보내는 것이다.

마음속의 부정적 감정을 이겨내고 싶은가? 그 누구에게도 흔들리지 않는 강한 내면을 갖고 싶은가? 값진 성공을 이루고 싶은가? 그렇다면 지금 당장 '그래, 난 할 수 있어!'를 되뇌어보자. 이것만 기억한다면 당신의 성공에 불가능이란 없을 것이다.

무슨 일이든
자신을 위해 하라

　누구나 자신을 위해 하는 일이라면 아무리 어려운 일이라도 기꺼이 나설 수 있다. 예컨대 일할 때 업무를 대신 처리해준다는 생각으로 하다 보면 게으름도 피우게 되고 적극적으로 문제를 해결해보려는 마음이 들지 않는다. 그러나 회사의 사장이나 성공 인사들을 보면 그들은 무슨 일이든 적극적으로 나서서 하고 불평불만도 없다. 똑같이 일하는데 왜 이런 차이가 나타나는 것일까?

　주요 원인은 전자는 회사의 일을 자신의 일이라고 생각하지 않고, 후자는 회사의 일을 자신의 일이라고 생각하는 데 있다. 일반 직원들은 주어진 업무만 끝내면 회사의 사정보다야 자신이 어떤 처우를 받는지에 더 관심이 많다. 그러나 회사의 사장이나 성공 인사들은 어떤 문제든 주인의식을 갖고 적극적으로 해결하려고 하며 일반 사람들보다 더 큰 기량을 발휘한다.

인생은 많은 우여곡절 끝에 정상에 오를 수 있다. 그런데 때로는 아무리 많은 굴곡을 지나도 원하는 곳에 도달하지 못할 때가 있다. 그러면 대부분의 사람은 온갖 불평불만을 쏟아낸다. 하지만 어떤 일을 시작할 때 100퍼센트 성공을 확신할 수 있을까? 내면이 강한 사람들은 성공 여부와 관계없이 그것이 자신의 일이라 생각되면 군말 없이 나선다. 그들의 마음가짐은 남들보다 더 평온한데, 이는 내면을 더욱 강하게 만든다.

대개 인생의 목표가 있다. 하지만 누구나 그 목표를 순조롭게 달성하는 것은 아니다. 꿈이란 수많은 현실의 벽에 부딪힐 수밖에 없기 때문이다. 그럼에도 묵묵히 자신의 일을 해내는 사람들에게서는 특별한 에너지가 나온다. 성공 여부를 확신할 수 없는 상태에서 군말 없이 나설 수 있는 것은 그 일이 자신을 위한 일이라고 생각하기 때문이다. 그 덕분에 남들보다 더 큰 능력을 발휘할 수 있다.

한 뛰어난 학자가 있었다. 어느 날 그는 산책을 나갔다가 교차로에서 잔뜩 인상을 쓰고 있는 경찰과 마주쳤다.

학자가 경찰에게 물었다.

"어째서 그렇게 인상을 쓰고 계십니까?"

경찰이 대답했다.

"여기서 매일 힘들게 교통정리를 하는데 일당은 고작 백 위안밖에 되지 않아요. 이 일을 왜 해야 하는지 모르겠네요."

그때 빗자루를 들고 있는 환경미화원이 그들 옆을 지나갔다. 환경미화원은 궂은일을 하면서도 얼굴에 미소가 가득했는데, 학자도 기분이 덩달아 좋아졌다.

학자가 환경미화원에게 다가가 물었다.

"당신은 하루에 얼마를 버나요?"

"일당이 오십 위안 정도 됩니다."

학자가 의아한 표정으로 되물었다.

"하루에 오십 위안밖에 벌지 못하면서 어떻게 그렇게 즐거운 표정을 짓고 있죠?"

환경미화원이 대답했다.

"이건 제가 잘할 수 있는 일이고 모두를 위해 좋은 일이니까요. 게다가 열심히 하면 인센티브도 받을 수 있으니 정말 좋은 일이죠. 다 저를 위해 열심히 하는 것이니 즐겁답니다."

두 사람의 말을 듣고 있던 경찰이 비웃으며 말했다.

"당신은 능력이 없으니 그런 일이나 하고 있는 거죠."

학자가 경찰관에게 말했다.

"당신이 틀렸어요. 이 사람은 누구보다 이 일을 즐겁게 하고 있어요. 이 사람의 미소는 보는 이의 마음을 따뜻해지게 만들죠. 이건 이 사람의 큰 능력이랍니다. 하지만 당신은 훨씬 더 많은 돈을 받으면서도 그저 남들을 위해 하는 일이라는 생각에 불평이 많고 인상도 찌푸리고 있죠. 그러니 누가 당신을 좋아할까요?"

환경미화원의 능력은 바로 다른 사람들을 끌어당기는 매력이었다. 이 매력은 그 사람이 풍기는 에너지에서 나온다. 경찰은 교통정리를 자신의 일이라고 생각하지 않았기에 매사 불만이 많았고 그 어떤 긍정적인 에너지도 풍기지 못했다. 지금 당신 앞에 환하게 웃고 있는 사람과 잔뜩 인상을 쓰고 있는 사람이 있다면 어떤 사람 곁으로 가고 싶겠는가? 당연히 환하게 웃고 있는 사람일 것이다. 이것이 바로 사람을 끌어당기는 긍정적 에너지의 힘이다.

무슨 일이든 자신을 위한 일이라고 생각하면 불평할 일이 없다. 이 말을 제대로 이해하기란 결코 쉽지 않다. 우리는 어떤 일이 주어졌을 때 그것이 진정 누구를 위한 일인가 곰곰이 생각해 볼 필요가 있다. 허울 좋은 핑계는 사람을 더욱 위축시킬 뿐이지만 진실한 목적은 더 강한 힘을 갖게 해준다.

04 간단한 일을 복잡하게 만들지 마라

: 감정에 빼기가 필요한 순간

과거는 깨끗이 흘려보내고 가장 행복한 모습으로 살아라 | 사랑을 품고 푸성귀를 먹는 것이 분노를 품고 산해진미를 먹는 것보다 낫다 | 때로는 한 걸음 물러나는 것도 괜찮다 | 얼마나 많은 것을 얻고 잃었든 인생은 모두 아름답다 | 조금 손해를 보면 더 큰 보상이 돌아온다 | 자연스럽게 흘러가도록 내버려 둬라 | 지금 내가 가진 보물은 무엇인가 | 바쁠수록 잠시 쉬어 가라

과거는 깨끗이 흘려보내고
가장 행복한 모습으로 살아라

　　살면서 경험한 일들 중 시간이 흘러도 쉽게 떨쳐지지 않는 것이 있다. 이런 일은 계속 주위를 맴돌며 마음을 괴롭힌다. 사실 과거의 일들은 마음을 괴롭게 할 뿐 실제로 피해를 주는 골칫덩어리는 아니다. 담담한 마음가짐을 갖고 마음속 집착을 내려놓을 수 있다면 과거의 일들은 절대 우리 발목을 잡거나 감정을 좌지우지하지 못할 것이다.

　　집착을 버리면 마음은 훨씬 가벼워진다. 살면서 내게 일어나는 일들을 크게 마음에 담아두지 말자고 스스로 다짐하지만, 현실은 그렇지 못하다. 나와 상관없는 일에는 무심할 수 있지만, 나와 관련된 일들은 그러기가 쉽지 않다. 즉, 타인에게 벌어진 일에 관해서는 냉정하고 침착한 태도를 유지할 수 있지만 그 일이 내게 닥치면 상황은 전혀 달라지는 것이다. 이것은 마음의 집착 때문이다. 우리가 진정으로 초연해지려면 모든 것을 떨치고 마음속 깊은 곳에서부터 자유로워져야 한다.

사람은 자신이 갖지 못한 것에 비현실적인 환상을 품고 집착할 때가 많다. 심지어 그것을 얻기 위해서는 무슨 짓이든 마다하지 않고 만신창이가 되어서도 쉽게 버리지 못한다. 그러나 원하는 결과를 얻는 사람은 많지 않다. 결국 아무것도 얻지 못하는 일에 자신의 노력과 청춘을 허비한 셈이다.

대체 사람들은 왜 자신이 갖지 못한 것들에 집착하는 걸까? 그것들은 우리 인생에 정말로 대체 불가능한 것들인가? 아니다. 사람들이 집착하는 이유는 갖지 못한 물건 때문이 아니라 마음의 집착 때문이다. 마음을 활짝 열고 집착을 내려놓는다면 인생은 이전보다 덜 슬플 것이고, 방황하거나 스트레스를 받는 일도 줄어들 것이다.

앤더슨은 주식 시장에 반평생 모은 돈을 모두 투자했다. 하지만 시장이 폭락하면서 하루아침에 그 많은 돈을 모두 날려버렸다. 그는 현실을 받아들일 수가 없었고 슬픔과 절망에 빠진 채 하루하루를 보냈다.

어느 날 저녁, 앤더슨은 한 다리 위를 배회하고 있었다. 그가 홀

러가는 강물을 보고 있을 때 어디선가 이런 말이 들리는 것 같
았다.

'어서 뛰어내려! 한 발짝만 떼면 돼. 그럼 모든 것에서 해방될 거야!'

그때 멀지 않은 곳에서 흐느끼는 울음소리가 들렸다. 소리가 나
는 곳으로 가보니 한 여성이 난간에 기대어 슬프게 울고 있었다.
앤더슨은 그녀에게 물었다.

"저, 실례인 줄은 알지만 대체 무슨 일 때문에 이렇게 슬피 울고
있나요?"

그녀는 앤더슨에게 자신의 이야기를 들려줬다. 그녀는 몇 년 동
안 사랑했던 남자 친구에게 한순간 버림을 받고 살아야 할 의
미를 찾지 못해 괴로워하고 있었다.

앤더슨은 싱긋 웃으며 말했다.

"그런 일이 있었군요. 그런데 그렇게 속상해할 일은 아닌 것 같
네요. 잘 생각해보세요. 아가씨는 그 남자 친구를 만나기 전에도
아주 잘 살고 있지 않았나요?"

앤더슨의 말에 그녀는 불현듯 무엇인가 깨달았는지 눈물을 닦고
미소를 지어 보였다.

"무슨 말인지 알겠어요. 정말 감사합니다. 앞으로는 이 일로 더
는 슬퍼하지 않고 저 자신을 더 소중하게 여기며 살게요."

그녀는 앤더슨에게 공손히 인사하고 발길을 돌렸다.

앤더슨은 이제 자신의 지난날을 돌아보기 시작했다. 생각해보니

자신도 돈 벌기 전에는 빈털터리 아니었던가? 다시 처음으로 되돌아온 것뿐이었다.

앤더슨은 가벼운 발걸음으로 돌아갔고, 다음 날 짐을 챙겨 알래스카로 떠났다. 그는 현지 지질을 심도 있게 분석한 다음 다른 석유 회사들이 철수한 후 버려진 석유갱을 인수해 석유를 계속 채굴했다. 앤더슨은 얼마 지나지 않아 주식으로 잃었던 돈을 모두 복구할 수 있었다.

과거의 일은 바람이 불면 구름이 흩어지듯, 자연스럽게 흘려보내야 한다. 되돌릴 수 없는 일이라면 더는 그것에 매여선 안 된다. 시간은 가장 좋은 약이다. 과거에 얼마나 힘들고 괴로웠든, 얼마나 찬란했든 세월이 흐르면 모두 잠잠해지기 마련이다. 불교에서는 집착이 괴로움을 낳는다고 말한다. 나쁜 일이든 좋은 일이든 지나간 일을 놓지 못하고 얽매여 있으면 괴로워진다.

살면서 누구나 인생의 영고성쇠(榮枯盛衰)를 경험한다. 사람이 영화롭고 성(盛)할 때는 자연히 패기가 넘치고 의기양양하다. 이때 정도를 지킬 수만 있다면 심리적 만족감과 가치 실현을 경험할 수 있다. 반대로 인생은 마르고 쇠(衰)할 때도 있다. 만약 이때 오랜 시간 슬픔에 빠져 있거나 자아를 부정한다면 감정을 조절하기 힘들어지고 인생은 더 이상 앞으로 나아가기 힘들어진다.

과거의 모든 일을 자연스럽게 흘러가도록 놔둔다면 가벼운 마음으로 현재를 더 즐겁게 살 수 있다. 무슨 일이든 지나치게 집착하다 보면 인생은 점점 더 괴로워진다. 집착을 버리고 얽매여 있던 굴레에서 벗어난다면 인생은 한결 더 행복해질 것이다.

사랑을 품고 푸성귀를 먹는 것이
분노를 품고 산해진미를
먹는 것보다 낫다

누군가를 용서하는 것은 결코 쉬운 일이 아니다. 특히 나에게 상처를 준 사람은 더욱 용서하기가 힘들다. 그러나 용서하지 않는다고 무엇이 달라지는가? 증오는 고치에 묶인 누에처럼 자신을 번뇌의 실뭉치 안에 가두어버린다.

용서만이 고통을 멈추는 유일한 방법이다. 용서하면 마음의 평화를 얻을 수 있다. 상처를 준 사람에게 보복하는 것으로는 문제를 해결하지 못한다. 보복은 서로에게 더 깊은 상처를 줄 뿐이며, 이 상처 역시 상대를 진심으로 용서해야만 치유된다.

헤라클레스가 험난한 산길을 걷고 있는데 무언가 그의 발밑에

밟혔다. 헤라클레스는 그 물건이 자신의 발걸음을 방해했다는 생각에 분노하며 밟아 없애려고 했다. 그러나 그 물건은 없어지기는커녕 밟을수록 더 커져갔고 결국 그의 앞을 가로막았다. 그때 한 현자가 나타나 말했다.

"그것을 밟아 없애려고 하지 마시오. 그것으로부터 멀리 떨어져 아예 기억에서 지워버려야 합니다. 당신이 밟은 것은 증오라고 하는 것인데 당신이 그것을 잊어버리면 처음처럼 작게 변하겠지만 계속 붙잡고 분풀이를 한다면 몸집을 불려 당신의 앞길을 완전히 가로막을 것이오."

분노와 증오는 우리와 주변 사람들 사이에 깊은 골을 만들지만, 용서와 관용은 깊은 골을 잇는 다리를 만들어준다. 관용은 인간의 큰 미덕이다. 너그러운 마음으로 관용을 베푸는 사람은 상대의 마음을 편안하게 해줄 뿐만 아니라 자기 자신도 편안함을 느낀다.

너그러운 마음을 갖는 것은 내면의 부정적 감정을 배출시켜 건강에 도움 된다는 실험 결과도 있다. 전문가들은 실험 대상자들에게 먼저 최대한 너그러운 마음으로 과거에 상처를 받았던 상면을 떠올려보게 한 다음 다시 너그럽지 않은 마음으로 그 장면을 떠올려보게 했다. 그 결과 너그럽지 않은 마음을 품었을 때 심박수가 65회에서 80회까지 급격히 상승하고 혈압도 높아지는 것을 확인할 수 있었다. 그밖에도 미국의 스탠퍼드대학교에서는 '스탠퍼드 용서 프로젝트'를 기획한 적이 있었는데 참가자들 가운데 70퍼센트 이상이 과거의 상처로부터 자유로워졌고, 20.3퍼센트는 분노와 증오 때문에 나타났던 신체의 이상반응들이 완화된 것으로 밝혀졌다.

러시아의 교육자 수호믈린스키는 말했다.

'때로는 관용이 징벌보다 강한 힘을 발휘한다.'

관용은 징벌보다 훨씬 큰 교육 효과가 있다. 잘못을 저지른 사람에게 잘못을 뉘우치고 고치도록 하면서도 그의 자존심을 지켜줄 수 있으니 말이다.

나에게 상처 준 사람을 용서하지 못하고 내내 증오하는 마음을 품는다면 결국 힘들어지는 것은 나 자신이다. 혹자는 증오를 '가슴을 에워싸고 있는 독사'라고 표현했다. 누군가에 대한 증오를 오랫동안 마음에 품고 있으면 그 독이 점점 마음속에 번져 결국 심장을 멈추게 할 것이다.

한 철학자는 말했다.

"사랑을 품고 푸성귀를 먹는 것이 분노를 품고 산해진미를 먹는 것보다 낫다."

행복하고 즐겁게 살기 위해서는 분노와 증오를 버리고 열린 마음으로 다른 사람을 품어야 한다.

관용은 분노와 질투 등의 부정적인 감정을 해소해주고 마음의 평화를 얻을 수 있도록 도와준다. 이것은 인생을 살아가는 이상적인 태도이자 최고의 미덕이다.

고대 로마의 위대한 시인 베르길리우스는 말했다.

"살면서 어떤 일을 만나든 인내하는 사람만이 승리한다. 그러니 먼저 한 걸음 물러나고 양보하는 법을 배워라."

우리는 타인과 교류하며 살아야 하고 이 과정에서 여러 갈등이 생기는 건 불가피하다. 이때 인내하지 못하고 감정적으로 행동하면 관계는 영원히 틀어지고 만다. 작은 일을 크게 만드는 격이다.

양보하고 용서하는 사람에게는 더 많은 인연과 기회가 찾아온다. 즉, 사람들에게 대범히 보이고 싶고 더 나은 미래를 꿈꾼다면 적절한 시기에 한 걸음 물러나는 법을 배워야 한다.

《채근담》에 이런 구절이 있다.

'좁은 길에서는 한 걸음 양보하여 다른 사람을 먼저 가게 하고, 맛있는 음식은 조금 덜어 다른 사람들에게 맛보게 하라. 매사에 양보하면 많은 걸 잃는 것처럼 보이지만 사실 얻는 것이 훨씬 많다.'

때로는 한 걸음
물러나는 것도 괜찮다

사람들은 어떤 일 앞에서 저마다 대응하는 태도와 방식이 다르다. 누군가는 침착하고 담담하게 대응하는가 하면 누군가는 우왕좌왕하고 쉽게 좌절한다.

사실, 담담하게 반응하는 사람들이 그렇지 않은 이들보다 훨씬 능력이 뛰어나기 때문은 아니다. 다만, 그들은 나아가거나 물러나야 할 때를 잘 알고 있는 것뿐이다. 더 이상 앞으로 나아갈 수 없다고 판단되면 한 걸음 물러나 다른 방법을 찾는 것이다. 이것만 기억한다면 우리 인생도, 성공도 그리 복잡하거나 어렵지만은 않다.

한 등산가가 에베레스트 등반에 참여했다. 해발 8,000미터 지점 등반이 목표였는데, 등산가는 6,000미터 부근에서 심한 고산병에 시달리다가 결국 등반을 포기했다.

그의 등반 실패 소식에 주변 사람들이 안타까워하며 말했다.

"고작 이천 미터 남기고 포기하다니 정말 안타깝다."

"조금만 더 올라갔으면 성공할 수 있었을 텐데…… 얼마나 많은 사람이 에베레스트 정상에 서는 것을 꿈꾸는지 알아?"

그러나 등산가는 담담히 말했다.

"사실 육천 미터만 해도 내 평생 가장 높이 올라간 거였어. 당시 내 체력은 이미 한계였고 만약 무리해서 더 올라갔더라면 목숨을 잃었을 수도 있어. 살아 돌아오지 못하면 성공이 다 무슨 소용이겠어? 그래서 난 중간에 포기한 걸 후회하지 않아."

등산가는 현명한 결단을 내린 것이다. 만약 더 이상 앞으로 나아갈 수 없거나 계속 전진했다가 큰 위험에 빠질 수 있다고 판단될 때는 뒤로 한 걸음 물러나는 지혜로운 선택을 해야 한다.

누구나 자신만의 한계가 있는 법이다. 그러니 안 되는 일을 억지로 밀어붙인다거나 위험을 알면서도 무모하게 덤비는 것은 결코 현명하지 않다. 물론 자신의 한계를 뛰어넘는 것은 중요한 일이지만 무모함과 무지함이 바탕이 되어서는 안 된다. 링컨 대통령은 말했다.

"분수의 물은 아무리 높아도 정해진 힘만큼만 올라간다."

누구나 한계에 부딪힐 때가 있고 그것을 극복하려고 노력하지만 모두가 가능하지는 않다. 다시 말해, 사람은 각자 받아들이고 버틸 수 있는 능력이 다르다는 의미다. 등산가는 자신의 능력이 얼마만큼인지 잘 알았기에 담담히 결정을 내린 것이다. 이런 사람을 누가 감히 패배자라고 부르겠는가?

이처럼 우리는 나아가야 할 때와 멈추어야 할 때를 정확히 알아야 한다. 그러려면 먼저 자신의 능력과 부족한 부분을 정확히 파악해야 한다. 이를 바탕으로 최선을 다한다면 무모하게 행동하거나 후회하는 일은 없을 것이다.

한계에 부딪혔을 때는 억지로 밀어붙이려고 하지 말고 한 걸음 물러나 다시 전진할 길을 찾아야 한다. '모든 길은 로마로 통한다'고 하지 않던가! 결과야 어찌 되었든 자신의 능력을 남김없이 발휘했다면 마음속에 후회나 아쉬움은 남지 않을 것이고, 남들과 다른 나만의 특별한 인생을 살 수 있다. 이런 인생이야말로 성공한 인생이다.

얼마나 많은 것을 얻고 잃었든
인생은 모두 아름답다

　　오랫동안 갖고 싶었던 물건을 마침내 손에 넣거나 정성 들여 한 일이 성공하면 세상을 다 가진 것처럼 기쁘다. 반대로 소중한 물건을 잃어버리거나 고대하던 일이 실패로 돌아가면 슬픔과 좌절에 빠진다. 성공하면 기쁘고, 실패하면 슬픈 것은 당연하다.

　　한 가지 기억해야 할 점은 성공할 때가 있으면 실패할 때도 있고, 얻는 것이 있으면 잃는 것도 있다는 사실이다. 그런데 성공하고 얻었을 때 마음껏 기뻐하기는 쉽지만, 실패하고 잃었을 때 슬픔을 현명하게 극복하기란 쉽지 않다. 경제 위기가 찾아오고 주식 시장이 붕괴되었을 때 많은 사람이 자살이라는 극단적인 선택을 하는 것도 바로 이 때문이다.

주변을 둘러보면 이기는 것만 좋아하고 패배를 견디지 못하는 사람들이 있다. 이런 사람들은 성공 앞에서 겸손할 줄 모르고 실패 후에는 감정을 추스르지 못해 한없이 바닥을 친다. 그래서 성공한다 하더라도 그 성과를 오래 유지하지 못한다.

현명한 사람들은 성공과 실패 앞에서 어떻게 행동할까?《장자(莊子)》에 이런 구절이 있다.

'얻었을 때 기뻐하지 않고 잃었을 때 근심하지 않는다(得而不喜, 失而不優).'

무언가를 얻었을 때 지나치게 기뻐하지 않고 겸손하게 행동하며, 잃었을 때는 오래 슬퍼하지 않고 집착하지 않아야 한다는 의미다. 이렇듯 성공과 실패 앞에서 언제나 담담한 마음을 유지하는 사람만이 큰일을 해낼 수 있고 성공한 인생을 누릴 수 있다.

얻었을 때 기뻐하지 않고, 잃었을 때 근심하지 않는 사람은 이미 인생의 높은 경지에 도달한 사람이다. 그들은 황금과 대리석으로 둘러싸인 궁궐에 살든, 짚으로 지붕을 얹은 초가집에 살든 초연하다. 고대의 의학자 이시진(李時珍)이 바로 그런 사람이었다.

이시진은 중국 기주(蘄州)(지금의 허베이성 치춘현) 사람으로, 명나라 무종 황제 시절에 태어났다. 대대로 의원 집안에서 태어나 어려서부터 의학지식을 쌓았고 나중에 황실의 태의(太医)가 되었다. 이시진은 태의원에서 일하며 온갖 값진 물건과 부와 명예를 두루 갖춘 사람을 여럿 만났으나 그런 것들에 전혀 관심을 두지 않았다. 그의 목표는 오로지 좋은 의원이 되는 것이었다.

훗날 황실을 떠난 이시진은 자신이 누릴 수 있는 부귀한 생활을 모두 마다하고 돈이 없어 치료를 받지 못하는 가난한 사람들을 찾아다니며 의술을 베풀었다. 황실에서 민간으로, 황제를 치료하던 어의에서 가난한 백성들의 의원으로 상황이 바뀌었지만, 이시진은 한결같았다. 그는 황제를 치료하듯 백성 한 명 한 명을 정성껏 치료했고 직접 약초를 맛보고 시험하는 등 연구에 힘썼다.

그렇게 몇십 년 동안을 정성으로 환자를 살피고 약초를 연구한 이시진은 마침내 위대한 의학서 《본초강목》을 집필하며 후대에 널리 이름을 알리게 되었다.

안타깝게도 요즘 시대에는 이해득실에 초연한 사람이 점점 줄고 있다. 그렇기에 진정한 의미의 성공을 거둔 사람도 찾아보기 힘들어졌다. 사람들은 인생의 기쁨과 슬픔을 무엇인가를 얻고 잃는 데서 느낀다. 그래서 무언가를 얻으면 뛸 듯이 기뻐했다가 그것을 잃으면 한없이 슬퍼하며 심지어 조금 잃고 많이 얻기 위해 자신의 존엄성과 도덕성을 희생시키기까지 한다.

사람들이 이해득실을 중요시하는 이유는 인생의 성공 여부를 물질적인 것과 연관시키기 때문이다. 전세살이하는 사람은 집을 소유한 사람을 부러워하고, 집이 있는 사람은 별장을 소유한 사람을 부러워하며, 별장을 가진 사람은 또 다른 누군가를 부러워한다. 그러면서 나보다 더 많이 가진 사람은 더 행복하고 그보다 적게 가진 나는 불행하다고 믿는 것이다. 하지만 아무리 많은 것을 소유해도 사람은 만족을 얻지 못한다. 오히려 물질의 홍수 속에 피로감만 더해질 뿐이다.

불교에서는 탐(貪, 탐욕), 진(瞋, 증오), 치(癡, 어리석음), 만(慢, 만심), 의(疑, 의심)를 사람의 마음을 상하게 만드는 다섯 가지 번뇌라고 한다. 그중 탐욕이 강하고 자기 조절 능력이 없는 사람은 성공한다 해도 그리 오래 지속되지 않는다.

형편이 넉넉하지 않지만, 그럭저럭 만족하며 사는 사람이 있었다고 해보자. 그런데 그가 어느 날 복권에 당첨이 되어 하루아침에 벼락부자가 되었다. 그는 많은 돈이 생겼으니 자연스레 이것을 어떻게 쓸까 고민하게 되었고 갑자기 욕망의 문이 활짝 열렸다. 그는 더 이상 돈을 어떻게 아껴야 할지 고민하지 않았고, 오늘은 어떤 고급 레스토랑을 가볼까 고민했다. 그리고 출근 시간에 버스 시간을 맞추느라 뛰어가는 대신 고급 승용차를 몰고 다니는 등 그의 인생은 이전과 완전히 달라졌다. 그러나 지나친 욕망 때문에 머지않아 복권 당첨금은 바닥이 났고 그는 다시 가난해졌다. 그런데 이제 그는 예전처럼 가난해도 소박한 생활에

만족하며 살 수가 없었다. 이미 온갖 산해진미를 맛본 터라 푸성 귀만으로는 만족하지 못했고, 자가용에 길든 터라 사람들에게 이리저리 치이는 버스를 타고 싶지 않았다. 그러나 산해진미도 고급 승용차도 이미 지나간 과거였으므로 그는 인생이 비참하고 고통스럽게 느껴졌다.

그의 고통은 스스로 자초한 것이나 다름없다. 만약 갑자기 많은 돈이 생겼을 때 크게 동요하지 않고 담담히 지냈더라면 그의 인생은 어떻게 되었을까?

이와 관련된 좋은 사례가 있다.

한 정부 기관에서 일하는 공무원이 있었다. 그는 월급은 적었지만 분수에 맞게 생활하면서 나름대로 만족한 인생을 살고 있었다. 그러던 어느 날 심심풀이로 복권을 샀는데 생각지도 못하게 당첨이 되었다. 그는 당첨금으로 평소에 타고 싶었던 스포츠카 한 대를 사서 매일 드라이브를 다녔다.

하지만 어느 날 불행히도 그의 차가 도난을 당했다. 친구들은 이 소식을 전해 듣고 모두 위로의 말을 건넸다. 그런데 자신을 위로하는 친구들에게 그는 호탕하게 웃으며 말했다.

"야, 니희들은 고작 이 위안 잃어버린 걸로 뭘 그러냐!"

친구들은 어리둥절한 표정으로 서로를 바라볼 뿐이었다.

그가 다시 말했다.

"나는 처음에 이 위안을 주고 복권을 사서 당첨금으로 차를 샀고, 이제 그 차를 잃어버린 것이니 그래봤자 이 위안을 잃은 것 아니겠나?"

인생의 큰 기복에도 흔들리지 않는 젊은 공무원의 마음가짐은 우리가 충분히 본받을 만하다. 살면서 자신에게는 어울리지도 않고 필요하지도 않지만, 그저 남들에게 잘 보이기 위해 어떤 일을 할 때가 많다. 그러나 자기 자신이 행복한 인생이야말로 진짜 인생이다. 얻는 것은 행운이고, 잃는 것도 운명이라고 생각하는 마음가짐으로 인생의 기복을 받아들이면 아무리 많은 것을 얻었다가 잃을지라도 행복한 인생을 살 수 있을 것이다.

조금 손해를 보면
더 큰 보상이 돌아온다

어떤 일에 손해를 보는 것이 꼭 나쁘지만은 않다. 오히려 교묘하고 주도면밀한 처세술이라고 할 수 있다. 일부러 조금 손해를 보면 좋은 친구를 사귈 수 있고 더 큰 이익을 얻을 수도 있다. 친구에게 어떤 일을 부탁하기 전에 먼저 그 친구를 위해 손해를 감수하고 일을 해준다면 고마운 마음에 부탁한 일을 더 성심성의껏 도와줄 것이다.

누군가를 위해 일부러 손해를 감수하는 것은 일종의 미덕이고 성품이며 담대하게 인생을 살아가는 지혜다. 그러나 이와는 달리 어쩔 수 없이 손해를 입는 것은 억지로 받아들여야 하는 결과로, 둘 사이에는 큰 차이가 있다.

몇 년 전, 사촌의 한 친구가 급하게 돈이 필요하다며 사촌에게 6만 위안(약 980만 원)을 빌려 갔다. 친구는 한 달 후에 돈을 갚겠다고 약속했지만 한 달이 훨씬 지나도 아무런 연락이 없었다. 당시 6만 위안은 사촌에게 큰돈이었지만 사촌은 친구에게 돈을 갚으라고 재촉하지 않았다. 그 후 한 달이 더 지나도 친구에게서는 여전히 소식이 없었다. 그러나 사촌은 그 친구가 돈을 갚지 않을 사람이 아니라며 분명 피치 못할 사정이 있을 거라고 믿었다.

얼마 후, 그 친구의 딸이 백일을 맞이했다는 소식을 들은 사촌은 먼저 전화를 걸어 6만 위안은 딸의 백일 선물이니 갚지 않아도 된다고 말했다. 사촌은 돈 때문에 소중한 친구를 잃고 싶지 않았던 것이다. 친구는 몇 번이고 거절했지만 사촌의 설득으로 결국 받아들였다. 친척들은 아기에게 6만 위안을 선물로 주는 사람이 어디 있느냐며 1만 위안 정도만 주고 나머지 돈은 빠른 시일 안에 갚게 하거나 갚지 않으면 경찰에 고소했어야 한다며 사촌을 다그쳤다. 하지만 사촌은 가만히 웃고만 있었다.

사촌의 친구는 그 이후로도 돈을 갚지는 못했지만, 돈을 벌 좋은 투자처가 생길 때마다 사촌에게 가장 먼저 알려줬다. 그 덕분에 사촌은 몇 년 만에 그 친구에게 빌려줬던 돈보다 더 큰 돈을 벌 수 있었다. 그 친구는 지금도 사촌을 만나면 늘 이렇게 말한다고 한다.

"넌 내게 둘도 없는 소중한 친구야."

만약 사촌이 처음부터 돈을 갚으라고 친구를 재촉하거나 정말로 고소를 했더라면 친구 사이가 깨지는 것은 물론이고, 돈을 돌려받았더라도 사촌 또한 조금도 기쁘지 않았을 것이다.

내가 손해를 감수하겠다고 나서면 나는 자비를 베푸는 사람이 되고, 상대는 은혜를 입는 사람이 된다. 얼핏 봤을 때는 나만 손해를 입고 상대는 이익을 얻은 것처럼 보이지만 상대는 나에게 감정의 빚을 진 것이나 다름없다. 감정의 저울이 내 쪽으로 기울었으니 상대는 나에게 더 호감을 가질 수밖에 없다.

물론 그렇다고 아무 때나 손해를 감수하려 해서는 안 된다. 마땅히 시기와 방법을 잘 살펴야 한다. 어떤 사람들은 갈등 상황을 피하기 위해 상대방 몰래 자신이 모든 손해를 감수한다. 그러다가 혼자 감당하기 힘든 심각한 결과가 발생한다면? 어떤 목적을 위해 손해를 감수할 때는 상대방이 나의 노력을 똑똑히 볼 수 있도록 해야 한다. 그래야만 나에 대한 좋은 인상을 남길 수 있다.

일부러 손해를 감수하는 것은 한편으로 굉장히 철학적인 처세술이다. 조금이라도 손해를 입지 않으려고 이기적으로 행동하는 사람들은 대부분 나중에 더 큰 손해를 입게 된다.

누군가를 위해 나서서 손해를 감수하면 우정은 더욱 깊어지고 이에 따라 여러 기회가 찾아온다. 비록 현재는 눈앞에 어떤 것을 잃게 될지 몰라도 상대방의 신뢰와 존중을 얻는다면 장기적으로 이득이 더 많을 것이다.

일부러 손해를 감수하는 사람은 결국 손해를 입지 않게 되지만, 어떻게든 손해를 입지 않으려고 하는 사람은 결국 더 큰 손해를 입게 된다. 특히 인간관계에서는 손해를 감수할 수 있어야만 상대방의 호감과 신뢰를 얻을 수 있고, 필요한 도움도 받을 수 있다.

어떤 일을 하든 상황에 따라 먼저 나서서 손해를 감수하려 한다면 주변 사람들은 당신의 진정성을 보고 더 적극적으로 협조할 것이다. 원만한 관계를 유지하려고 애쓰며 손해를 보상할 기회를 찾으려 할 것이다. 그러니 일을 할 때는 눈앞의 이익에 연연하지 말고 나서서 책임을 질 줄 알아야 한다. 그렇게 하면 비록 당장은 무언가를 잃을지 몰라도 명성을 유지하고 나중에 더 큰 보상을 받게 될 것이다.

원만한 인간관계를 유지하기 위해서는 무슨 일이든 먼저 양보하고 손해를 감수하려는 태도가 필요하다. 예를 들면 함께 밥 먹었을 때 먼저 나가서 계산하거나, 사무실에서 모두가 꺼리는 일을 도맡아 하거나, 사정 때문에 야근할 수 없는 동료를 위해 대신 일을 해주는 것 등이다.

이러한 작은 배려와 수고는 아무것도 아닌 듯해도 이것들이 쌓이면 나중에 커다란 보상으로 돌아온다. 사람들은 당신의 작은 행동들을 모두 지켜보고 있기 때문이다.

자연스럽게 흘러가도록
내버려둬라

　　우리의 삶은 가지각색이고 우리는 각자 자신만의 방식으로 이 세상을 살아간다. 그러나 자세히 들여다보면 세상에는 단 두 종류의 사람들이 있음을 발견하게 된다. 하나는 인생을 피곤하게 사는 사람들이고, 또 하나는 모든 일을 자연스럽게 흘러가도록 내버려두는 소탈한 사람들이다.

　　살면서 누구나 여러 시련에 부딪힌다. 대학 입시에 실패하고, 회사에서 해고를 당하고, 승진 심사에서 떨어지고, 사업이 망하고, 가정불화를 겪는 등 우리의 바람과 상반되는 일들이 계속 발목을 잡는다. 이런 상황에서 누군가는 수단과 방법을 가리지 않고 무모하게 밀어붙이고, 또 모든 것을 남의 탓으로 돌리면서 불평만 늘어놓는다. 인생을 피곤하게 사는 사람들이다.

같은 상황에 처해도 침착하고 이성적인 태도로 문제를 바라보는 사람들이 있는데, 이들은 긍정적인 마음으로 상처를 치유할 방법을 찾고 주어진 현실에 적응하려 노력하며 나쁜 일을 마음에 오래 담아두지 않는다. 이들이 바로 인생을 소탈하게 사는 사람들이다.

'사람은 땅을 본받고, 땅은 하늘을 본받으며, 하늘은 도를 본받고, 도는 자연을 본받는다.'

이는 노자의 말이다. 이 세상에서 가장 큰 법칙은 자연의 법칙이다. 이에 비하면 인간의 법칙은 아주 미미하다. 그러므로 사람은 자연의 법칙에 따라 살아야 한다.

만물의 성쇠(盛衰)에는 규율이 있다. 세상에 영원히 피어 있는 꽃은 없고, 영원히 푸른 나뭇잎도 없으며, 심지어 밤하늘의 달도 차고 기울기를 반복한다. 자연의 사물은 모두 자연의 법칙을 따라야 한다. 자연의 법칙은 위대하지만 잔인하기도 하다. 아무리 혈기왕성하고 무성하던 것들도 시간이 흐르면 서서히 소멸해버리기 때문이다. 위대한 자연의 법칙에 비해 인간의 외모, 권력, 재물, 명예 등은 연기처럼 금방 사라지는 것들이다. 그러니 억지로 이런 것들을 따르느라 애써 피곤하게 살지 말고 자연스럽게 흘러가는 대로 사는 법을 배워야 한다.

〈의천도룡기(倚天屠龍記)〉의 엔딩곡 '수우이안(隨遇而安)'에 이런 가사가 있다.

'세상의 모든 사랑과 미움도 언젠가 빛이 바라네. 놓지 못하는 것은 용감하지 못한 것. 고통은 술 한 모금과 함께 삼켜버리고, 하늘 향해 미소 지으면 눈물은 저절로 마르지. 세상 속에서 구르고 굴러 저 아득한 곳에 떨어져도 내 마음은 평온하네.'

'수우이안'이란 어떤 환경에 처해 있든, 외부의 사물과는 상관없이 그것에 적응하고 만족한다는 의미다. 으리으리한 저택에 살든 쓰러져 가는 초가집에 살든, 늘 한결같은 마음으로 살아가는 사람들은 얼마나 소탈한가! 생명력이 강한 씨앗은 비옥한 땅에 떨어지든 척박한 땅에 떨어지든, 어디에서나 꽃을 피운다.

살면서 '수우이안'을 실천하는 사람은 마음이 너그럽고 긍정적이다. 마음이 너그러워야 사소한 일에 매달리지 않고 긍정적인 마음으로 나아갈 수 있기 때문이다.

한 사찰의 뒷마당에 황량한 밭이 있었다. 동자승이 사부에게 말했다.
"사부님, 어서 풀씨를 사 와 심어야겠어요."
사부가 말했다.
"풀은 언제 심어도 나는 것이니 시간이 될 때 언제든 나가서 풀씨를 사 오면 된단다. 서두를 필요 있니?"
가을 무렵 사부가 풀씨를 사 와 동자승에게 건네며 말했다.

"가서 밭에 뿌리렴."

동자승은 열심히 씨앗을 뿌렸다. 그러나 바람이 불 때마다 동자승이 뿌린 씨앗들은 바람을 타고 여기저기로 흩어져버렸다.

동자승이 소리쳤다.

"큰일 났어요! 씨앗들이 모두 날아가요!"

그러자 사부가 침착하게 말했다.

"괜찮다. 어차피 바람에 날려간 씨앗들은 속이 빈 것이니 싹을 틔우지 못할 것이다. 걱정할 필요 없단다."

그런데 이번에는 참새들이 날아와 밭에 뿌린 씨앗을 쪼아 먹기 시작했다.

동자승이 발을 동동거리며 말했다.

"사부님, 큰일 났어요! 참새들이 풀씨를 모두 쪼아 먹고 있어요! 이러다가 밭에 풀이 한 포기도 나지 않겠어요!"

사부가 이번에도 침착하게 말했다.

"걱정하지 마라. 참새들이 그 많은 풀씨를 다 쪼아 먹지는 못할 게야. 내년에 분명 푸른 풀들이 이곳에서 자라날 거란다."

그날 밤 큰비가 내렸고 동자승은 풀씨가 모두 휩쓸려갈까 봐 밤새 잠을 이루지 못했다.

다음 날 새벽, 비가 그치자마자 동자승은 밭을 확인하러 갔다. 역시나 풀씨들이 대부분 빗물에 씻겨 내려간 것 같았다. 동자승은 사부가 있는 곳으로 달려가 말했다.

"사부님! 풀씨들이 모두 비에 씻겨 내려갔어요. 정말 풀이 하나
도 나지 않을 것 같아요. 이제 어쩌면 좋죠?"

사부가 말했다.

"풀씨들이 어디로 흘러갔든 그곳에서 싹을 틔울 것이니 조급해
하지 말거라."

동자승의 걱정과는 달리 얼마 후 뒷마당은 싱그러운 초록 풀들
로 가득 찼다.

"사부님! 이것 좀 보세요. 제가 뿌린 풀씨들이 이렇게 자랐어요!"

사부가 고개를 끄덕이며 미소했다.

"그래, 정말 기쁘구나."

사부는 인생을 긍정적으로 바라보는 사람이다. 이처럼 모든
일을 억지로 바꾸려고 하지 않고 자연스러운 흐름에 맡기다 보
면 생각지도 못한 큰 수확을 얻을 수 있다. 인생을 흘러가는 대
로 자연스럽게 살면 괴로워할 일이 얼마나 있겠는가? 인생에는
우리 의지로 바꿀 수 없는 것이 너무나 많다. 이럴 때는 억지로
바꾸려고 하지 말고 자연스럽게 흘러가도록 내버려두자. 인생
이 훨씬 행복해질 것이다.

소식은 〈형상충후지지론(刑賞忠厚之至論)〉(고대 통치자들의 상과
벌을 시행한 예들을 인용해 정치적 견해를 서술한 글)이라는 글을 써 온
조정을 놀라움에 빠뜨렸고 사람들은 그를 주목하기 시작했다.

그런데 훗날 '오대시안(烏臺詩案)'(소식을 시기하던 반대파에서 그의 문장들을 왜곡해 고발한 사건) 사건이 일어나면서 소식은 한순간에 조정 밖으로 내쳐졌고 하마터면 목숨까지 잃을 뻔했다. 하지만 그는 조정에서 신임을 받을 때도, 무고하게 내쳐졌을 때도 크게 동요 없이 담담한 모습을 보였다. 아무리 멀고 험한 곳으로 유배를 가도 그는 불평하지 않았고 오직 자신의 포부를 이루는 데만 온 힘을 다했다. 그것은 바로 백성들이 잘 사는 나라를 만드는 것이었다.

소식의 시 '임강선(臨江仙)'에는 그의 소탈하고 너그러운 삶의 태도가 잘 드러나 있다.

동파에서 늦도록 마신 술에 깨었다 다시 취해
집에 돌아오니 삼경(三更)을 넘었고
아이는 코를 골며 잠들어
아무리 두드려도 기척이 없네
한스러워라 내 몸이 내 몸이 아니건만,
어찌하여 때때로 그것을 잊고 안달하는가
밤이 깊어 바람이 고요하고 물결도 잠들었으니
이 길로 작은 배에 몸을 싣고
넓은 강과 바다에 여생을 맡겨볼까

'수우이안'의 핵심은 바로 '따르다'라는 의미를 가진 글자 '수(隨)'에 있다. 즉, 내가 처한 환경, 인연을 억지로 거스르려고 하지 말고 무엇이든 자연스럽게 따라가라는 의미를 내포한 것이다.

어려운 처지에 놓였는데 내 힘으로 상황을 바꿀 수 없을 때, 갑작스러운 사고로 모든 걸 다시 시작해야 할 때, 현실에서 벗어나고 싶지만 어디로 가야 할지 모를 때 차라리 현재에 적응하면서 모든 일이 자연스럽게 지나가도록 놔두는 건 어떨까? 물론 새로운 도전이나 시련을 받아들이는 것은 많은 용기를 필요로 한다. 그러나 너무 어렵게 생각하지 말고 지금 내게 주어진 일을 열심히 하고 현재를 즐기면서 묵묵히 다음 기회를 기다리면 된다.

일이 뜻대로 되지 않았을 때 문제를 해결하려고 노력하기보다 끊임없이 불평하면서 자신의 실수에 대한 핑계를 찾는 사람이 있다. 이런 태도는 문제 해결에 도움 되지 않으며 오히려 고통을 키울 뿐이다. 어떤 난관에 부딪혔을 때 가장 먼저 해야 할 일은 현실을 있는 그대로 받아들이는 것이고, 그다음에는 지금 할 수 있는 일에 최선을 다하는 것이다.

어느 날 동자승이 사부께 불성(佛性)이 무엇이냐고 물었다.
사부가 물었다.
"밥은 먹었느냐?"
동자승이 대답했다.

"네, 먹었습니다."

"그럼 그릇을 닦아라."

사부는 불성이 대단히 어려운 깨달음이 아니라는 사실을 알려주고 싶었던 것이다. 밥때가 되면 밥을 먹고, 밥을 먹고 나면 그릇을 닦고, 잠을 자야 할 시간이 되면 잠을 자고, 그러면서 외부 환경에 흔들리지 않고 자신의 본성을 지켜나가는 것. 이것이 바로 불성의 본질이자 '수우이안' 아닐까?

'수우이안'은 원대한 포부도 없이 평범한 사람으로 살라는 것이 아니다. 오히려 인생에 시련이 닥쳤을 때 생길 조급함을 극복하고, 냉철함을 유지할 수 있게 도와주며, 현재 나의 위치에서 최선을 다하고 적당한 출구를 찾게 해준다.

인생은 시련과 불확실성으로 가득 차 있다. 마땅히 가져야 할 이익을 누군가에게 빼앗기고, 누군가와 의견 충돌이 생겨 원만했던 사이가 틀어지고, 내 의지와 상관없는 고통이 끊임없이 인생을 파고든다. 그럴 때마다 사람들은 누군가를 원망하고 불평하기 바쁘다. 그러나 원망하고 불평하면 행복은 점점 더 멀리 도망친다. 그러니 내가 처한 현실을 받아들이고 할 수 있는 최선을 다하되, 나머지는 자연스럽게 흘러가도록 내버려두는 것이 현명하다.

지금 내가 가진
보물은 무엇인가

    자신에게 필요하지 않은 것이 무엇인지 아는 것이야 말로 지혜롭다. 우리가 세상을 살아가는 데 꼭 필요한 것들은 무엇일까? 음식, 옷, 집 외에 약간의 기호품 등이다. 그런데 이런 물건들은 무엇이 얼마나 필요한지 범위가 정해져 있지 않다. 그래서 사람들은 가능하면 제일 비싸고 좋은 것을 가져야 행복하다고 생각한다. TV 하나만 해도 48인치를 60인치 크기로 바꾸고, 그것도 모자라 음향 효과가 뛰어나다는 고가의 홈시어터를 설치하는 등 계속 업그레이드를 한다. 하지만 가장 비싼 것이 내게 가장 좋은 것이라고는 할 수 없다. 집에 비싸고 좋은 TV가 여러 대 있다고 남들보다 더 많이 볼 수 있는 것은 아니다. 편하

156

게 볼 수 있는 TV 한 대만 있으면 모든 프로그램을 시청할 수 있다.

생각해보면 우리 인생에는 필요한 것보다 필요하지 않은 것이 훨씬 많다. 사랑을 예로 들어보자. 누가 봐도 아름답고 멋지지만 내가 좋아하지 않는 이성 여럿이 나를 좋아해주는 것과 내가 사랑하는 한 사람이 나를 좋아해주는 것 중 고르라면 어떤 선택을 하겠는가? 당연히 사랑하는 한 사람을 선택할 것이다. 아무리 차고 넘치게 있어도 우리에게 필요한 것은 내가 정말로 좋아하는 것 한 가지다.

사람들은 자신의 인생에서 정말로 필요한 것은 그리 많지 않다는 것을 인정한다. 그렇지만 자신이 정말 좋아하는 것을 선택하기 위해서는 많은 비교 대상이 필요하다고 말한다. 자신에게 어울리는 옷 한 벌을 찾기 위해 여러 벌을 사서 비교하는 것처럼 말이다. 그러나 옷장에 옷이 가득 걸려 있으면 오히려 선택에 혼란을 줄 뿐이다. 차라리 작은 옷장에 옷 몇 벌만 걸려 있을 때 자신에게 어울리는 옷을 더 빨리 선택할 수 있다.

지혜로운 사람은 물건이 가득한 창고를 소유한 이가 아니라 창고에서 자신에게 가장 귀한 보물을 찾아낼 수 있는 사람이다. 모든 사람은 손이 두 개밖에 없다. 그러니 자신이 정말로 원하는 것이 무엇인지 잘 알고 선별해 두 손에 꼭 쥐고 있어야 한다. 너무 많은 것을 손에 쥐려고 한다면 결국 모두 놓치고 하찮은 것만 가지게 될지 모른다.

탐욕은 인생을 불행하게 만든다. 탐욕스런 그 어떤 귀한 물건에도 만족하지 못하고 더 좋은 것을 찾으려고 한다. 하지만 그들은 물건의 실제 가치를 알아보지 못하기 때문에 아무리 귀하고 좋은 것을 손에 쥘지라도 계속 불행하다고 느낀다. 그러니 자신이 이미 가진 것들을 찬찬히 살펴본다면 분명 귀한 보물을 찾을 수 있을 것이다. 내게 주어진 것들을 소중히 여기고 주변에서 아름다움을 찾으려고 노력하는 사람만이 진정한 행복을 느낄 수 있다.

바쁠수록
잠시 쉬어 가라

　　휴식은 잠시나마 답답한 일상에서 벗어나 기분 전환을 하는 데 도움을 준다. 눈코 뜰 새 없이 바쁘고 피곤할 때도 잠시 짬을 내 휴식을 취하면 몸과 마음의 여유를 되찾을 수 있다. 바쁠 때 잠깐의 휴식은 나중에 더 '바쁘게 일하기' 위한 준비 시간이다. 자동차를 정비하듯 과중한 업무와 압박으로 만신창이가 된 몸을 정비하고, 연료를 가득 채워 다음 여정을 준비하는 과정인 셈이다. 이렇게 해서 충분한 힘을 충전하면 훨씬 더 먼 길을 갈 수 있다.

　　어느 식당 앞을 지나가다가 이런 문구를 본 적이 있다.

　　'명예를 위해, 돈을 위해 바쁜 그대에게 차 한 잔의 여유를! 몸

과 마음이 지치고 힘든 그대에게 술 한 잔의 위로를!'

우리는 종종 삶이 너무 힘들고 피곤하다고 말한다. 그런데 그 이유는 대부분 너무 높은 곳을 바라보고 살기 때문이다. 많은 이가 물질적인 풍요와 명예를 행복의 기준으로 삼는다. 하지만 막상 부와 명예를 손에 넣었다고 반드시 행복해지는 것은 아니다. 소위 '행복'이라는 것을 얻었다면 이번에는 그것을 유지하기 위해 계속 바쁘고 피곤하게 살아야 하기 때문이다. 아무리 기세등등한 사람도 세월 앞에서는 힘없이 무너진다. 그리고 인생의 끝자락에 이르러서야 진정한 행복은 매 순간 우리가 가진 것에 감사하며 살아가는 것임을 깨닫는다. 바쁠 때 짬을 내 마시는 따뜻한 차 한 잔과 지치고 힘들 때 마시는 술 한 잔처럼!

요르단을 여행할 때의 이야기다. 하루는 작은 마을에 있는 유적지를 찾아가고 있었는데 사방은 황량한 들판이고 눈앞에는 끝이 보이지 않는 길이 뻗어 있었다. 나는 서둘러 목적지에 도착해야 한다는 생각에 앞만 보고 열심히 걸었다. 몸은 점점 녹초가 되어 갔지만 저 멀리 목적지가 보이자 한결 마음이 놓였다. 그런데 그때 신발 안에 있는 작은 돌멩이 하나 때문에 걸을 때마다 발에 통증이 느껴졌다. 사실, 나는 처음 걷기 시작할 때부터 신발 속에 돌멩이가 있음을 알았는데 목적지를 찾느라 마음이 급해 그 존재를 무시하고 계속 걸었다.

목적지에 거의 다 이르렀음을 확인하고 나서야 신발 안에 있는 돌멩이를 꺼내기 위해 발걸음을 멈췄다. 그런데 신발을 벗으려고 허리를 숙이자 갑자기 길 양쪽으로 펼쳐진 풍경들이 눈에 들어왔다. 황량하다고만 생각했던 길들이 가만히 바라보니 매우 아름다웠다. 나는 신발을 벗어 작은 돌멩이를 꺼내어 손에 올려놓고 중얼거렸다.

"돌멩이야, 너는 내가 저 아름다운 풍경을 모두 놓치고 지나갈까 봐 내 발에 신호를 준 거였구나."

나는 그때 그 작은 돌멩이 덕분에 여행 중 큰 깨달음을 얻었다. 그렇다면 우리 일상의 모습은 어떠할까?

도시의 사람들은 태엽을 감은 인형처럼 태엽이 다 풀릴 때까지 끊임없이 바쁘게 움직인다. 그들은 매일 수많은 일을 처리하고, 끝없는 욕망을 채우느라 바쁘다. 그렇게 많은 시간과 돈을 쏟아부어 손에 넣은 전리품들을 보면서 그것이 바로 행복이라 생각한다. 하지만 행복 안에는 비교와 번뇌와 절망만이 가득하고 정작 있어야 할 즐거움과 만족은 찾아보기 힘들다. 과연 힘들게 일해서 얻은 결과가 고작 이런 것이란 말인가?

우리는 자신이 생각하는 행복을 찾아가는 과정에서 쉬이 발걸음을 멈추지 못한다. 잠깐이라도 걸음을 멈추면 행복에서 점점 더 멀어진다고 생각하기 때문이다. 그러느라 매일 아름다운 풍경을 놓치고 가족, 친구 들과 함께 보내는 시간은 점점 줄어만 간다. 훗날 목표하던 것을 손에 넣고 나면 그제야 그동안 진정한 행복을 놓치고 살았음을 깨닫는다. 우리는 주변의 아름다움은 보지 못한 채 앞으로만 전력 질주한다. 이런 인생에서 과연 행복을 찾을 수 있을까?

때로는 매일 걷던 길을 발걸음을 늦춰 천천히 걸어가자. 사랑하는 이의 손을 꼭 잡고 길가에 핀 꽃 한 송이, 나무 한 그루를 감상하며 걷다 보면 그토록 찾아 헤매던 행복을 발견하게 될지도 모른다.

멈추어 쉬어 가면 그동안 보지 못했던 아름다움이 눈에 들어온다. 인생 걱정을 내려놓고 얻지 못한 것과 잃은 것에 대한 미련을 버리면 지금 내가 가진 행복을 발견하고 소중함을 깨닫게 된다. 지금 이 순간 내가 가진 것만이 가장 진실한 행복이다.

우리는 기이한 자연 현상이 나타날 때마다 그 순간을 놓치지 않기 위해 애쓴다. 밤하늘의 별을 단 한 번만 볼 수 있다고 가정해보자. 사람들은 그 한 번을 보기 위해 몇 날 며칠을 고대하며 기다릴 것이고 언론에서도 연일 떠들썩하게 중계할 것이다. 실제 별들은 매일 밤하늘을 아름답게 수놓는다. 그런데 이미 그것에 익숙해진 사람들은 더 이상 하늘을 올려다보지 않는다. 단 한 번이었다면 모두 놓치고 싶어 하지 않았을 풍경을 매일 밤 놓치고 있는 것이다.

　로댕은 '우리 인생에 아름다움이 부족한 것이 아니라, 아름다운 것을 바라보는 안목이 부족한 것'이라고 말했다. 아름다움은 늘 우리 곁에 있으니 힘들게 찾아다닐 필요가 없다. 잠시나 자신에게 휴식 시간을 주고 즐거웠던 기억들을 떠올려보자. 마음이 점점 편안하고 차분해질 것이고, 이러한 과정 자체가 하나의 행복임을 깨닫게 될 것이다.

　일은 굉장히 열심히 하지만 성격이 포악하고 일상생활이 엉망인 사람들이 있다. 그들은 앞만 보고 달리느라 주변의 아름다운 것들을 살피지 못한다. 그런 생활을 계속하다 보면 결국 일밖에 모르는 바보가 되고 인생은 점점 더 불행해진다. 안타깝게도 우리 사회에는 그런 사람이 점점 더 많아지고 있다. 세상은 점점 더 빠르게 돌아가고 사람들은 바빠 걷느라 정작 소중한 것들을 잃고 있다. 그러니 당신의 목적지가 어디든 가끔 발걸음을 늦추고 주변의 아름다운 풍경을 바라보라. 당신이 찾는 행복이 어쩌면 그 풍경 속에 감춰져 있을지도 모른다.

05 마음가짐이 기분을 결정한다

:감정 훈련하기

인내할 줄 아는 사람이 진짜 영웅이다 | 인내하는 사람만이 결실을 맺는다 | 화를 내는 것은 자신을 벌하는 행위다 | 행복은 어디에나 있다 | 사냥감을 잡아야 진짜 훌륭한 사냥꾼이다 | 열등감에 예민하게 반응하지 마라 | 자기반성은 우리의 오점을 비춰주는 거울이다

인내할 줄 아는 사람이
진짜 영웅이다

     동서고금을 막론하고 큰 업적을 이룬 사람들은 모두
한 가지 탁월한 걸 소유했는데 그것은 바로 '중용'의 덕이다. 그
들은 어떤 일을 하든 무모하거나 경솔하지 않았고 묵묵히 인내
할 줄 알았다. 이 덕분에 사회에서 확고한 입지를 다지고 큰일을
해낼 수 있었다.

  한 걸음 물러나는 것은 두 걸음 앞으로 나아가기 위한 기반이
고, 다른 사람을 이롭게 하는 것은 나를 이롭게 하는 밑거름이
다. 인내와 양보는 세상을 살아갈 때 필요한 중요 미덕이다. 무
슨 일을 하든 쟁취하려 싸우고 자신의 재주를 함부로 드러내는
것은 결코 현명한 행동이 아니다. 가장 먼저 모습을 드러낸 새가

총에 맞을 확률이 가장 높은 법이다.

한나라 개국의 일등 공신 한신(韓信)은 여러 묘책으로 유방의 인정을 받아 대장군이 되었다. 그는 군대를 이끌어 위(魏)와 대(代)를 격파했고 연(燕)을 함락시켰다. 그리고 유방과 함께 해하에서 항우를 제압해 죽임으로써 초한 전쟁을 승리로 이끌었다.

훗날 사마천은 한신을 이렇게 평가했다.

'한나라의 절반은 그의 손으로 세운 것이지만, 신하의 기세가 군주를 압도하는 우를 범했다.'

유방이 한신에게 물은 적이 있었다.

"자네는 내가 얼마나 많은 군사를 이끌 수 있다고 생각하는가?"

한신이 대답했다.

"많아야 십만 정도입니다."

유방이 다시 물었다.

"그럼 자네는 얼마나 많은 수를 이끌 수 있는가?"

한신이 거리낌 없이 대답했다.

"그야 다 셀 수 없죠."

유방은 한신의 이 대답을 두고두고 마음에 담아두었다. 실제로 유방은 전쟁에서는 한신을 능가하지 못했기에 그를 계속 경계할 수밖에 없었다. 그러나 한신은 자신의 재주를 숨기기는커녕 유방 앞에서 능력을 뽐내다가 결국 죽임을 당했다.

사실, 한신은 '과하지욕(胯下之辱, 가랑이 사이를 기어 지나가는 굴욕)'에 관한 이야기로 더 유명하다. 이런 행동 덕분에 그는 훗날의 영광을 위해 순간의 치욕을 참을 줄 아는 사내대장부로 이름을 알렸다. 하지만 그는 군주 앞에서 자신의 공적을 지나치게 내세우는 바람에 영웅에서 역적으로 내몰리는 수모를 당하게 되었다.

　훌륭한 사람은 다른 사람의 무례함에 쉽게 분노하지 않고, 누군가가 억지를 부려도 싸우려 들지 않는다. 중용의 덕을 갖춘 사람은 어떤 상황에서도 자신을 보호하는 방법이 무엇인지 찾아낸다. 때로는 자신을 굽힐 줄 아는 현명함과 인내심으로 스스로를 보호해야만 이루고자 하는 인생의 목표를 실현할 수 있다.

인내하는 사람만이
결실을 맺는다

　　인내는 누구에게나 힘들고 고통스러운 일이다. 그럼에도 인내하지 않으면 더 큰 고통이 찾아온다. 누군가는 잠깐의 인내를 통해 인생을 한 단계 더 발전시킨다. 반면 누군가는 잠시 편하게 살자고 인내하지 않는데, 훗날 그는 여생을 고통 속에 보내게 될지도 모른다.

　　1970년대 미국의 맥도날드에서는 타이완 시장 진출을 준비하고 있었다. 그들은 타이완 시장을 관리할 고급 직원이 필요해 채용 공고를 내고 면접을 봤다. 유능한 청년들이 지원했지만, 회사의 요구가 워낙 까다로워 대부분 탈락했다.

최종 면접날 맥도날드 대표는 최종 면접자 한딩궈와 그의 아내를 초청해 많은 이야기를 나누었다. 그리고 면접이 끝나갈 무렵 한딩궈에게 질문을 던졌다.

"내가 당신에게 화장실 청소를 하라고 한다면 할 수 있겠소?"

한딩궈가 대답을 고민하고 있을 때 그의 아내가 웃으며 말했다.

"저희 집 화장실 청소도 늘 이 사람이 도맡아 하는걸요! 분명 잘해낼 겁니다."

대표는 즉시 한딩궈를 고용했다. 성공한 기업가라면 화장실 청소같이 하찮은 일도 견딜 수 있는 정신이 필요하다고 생각한 것이다. 실제로 맥도날드의 직원 교육 과정에는 화장실 청소가 포함되어 있다. 화장실 청소처럼 힘들고 하찮은 일도 견딜 직원만이 고객을 왕처럼 대하는 서비스 철학을 이해하고 우수한 서비스를 제공할 수 있다는 이유에서다.

사회에 첫발을 내딛는 사람들에게는 원대한 포부가 있다. 그러나 포부가 너무 원대한 나머지 어렵고 하찮은 일은 거들떠보지도 않고 남이 보기에 멋있고 좋은 일만 찾으려 한다. 그러다가 어느 순간 주위를 둘러보면 분명 나보다 출발도 늦고 능력도 떨어져 보이는데 한참 앞서간 이들을 발견한다. 사실 그들에게 기회가 없었던 것은 아니다. 다만 힘든 과정을 인내하려는 노력이 없었을 뿐이다.

요즘 젊은 사람들은 마음이 급해서 한 방에 모든 것을 이루고 싶어 한다. 그러나 어떤 일에 성공하기 위해서는 먼저 인내하는 법을 배워야 한다. 그래야만 좋은 결과를 얻을 수 있다.

고대 그리스의 물리학자 아르키메데스는 어느 날 아주 우연한 기회에 물체가 저마다 부력이 다르다는 사실을 깨달았다. 그는 순간 이 놀라운 사실을 세상에 알리고 싶었지만 흥분을 가라앉히고 인내심을 발휘해 연구를 계속했다. 그리고 훗날 정확한 계산을 마친 후에야 '부력의 원리'를 세상에 공개했다. 아르키메데스의 업적은 세상을 놀라움에 빠뜨렸고 그는 후대에 길이 남을 과학계의 거장이 되었다.

인내는 성공의 물줄기 같은 것이다. 그 물줄기가 잠시 나를 가라앉게 만들지는 몰라도 결국 그 물줄기 덕분에 화려하게 피어날 것이다. 사람은 20대 때 사랑에 현혹되고, 30대 때 돈에 현혹되고, 40대 때 지위에 현혹되고, 50대 때 명예에 현혹된다. 이러한 유혹들 때문에 우리는 늘 마음이 조급하다. 하지만 급하게 달리는 사람은 쉽게 넘어지는 법, 씨앗이 땅속의 어둠을 견디지 못하면 싹을 틔울 수 없다. 내가 가진 씨앗을 싹 틔우고 열매를 맺게 하기 위해서는 마음속 조급함을 버리고 힘든 순간에도 묵묵히 인내하며 한 걸음 한 걸음 나아가야 한다.

화를 내는 것은
자신을 벌하는 행위다

　　내 오랜 소망은 세상의 온갖 유혹에서 벗어나 자유롭고 평온하게 사는 것이다. 아침에 우려낸 차를 저녁까지 천천히 음미하며 마시고, 온종일 책을 읽고, 음악을 듣고, 오래된 건물 앞에 앉아 계절이 바뀌는 모습을 감상하고 싶다.

　누구나 자신이 꿈꾸는 생활이 있다. 하지만 모두가 꿈꾸는 모습이 다르기에 마찰이 생기고 마찰은 다툼으로 이어진다. 나 역시 그런 마찰을 피할 수 없다. 이런 갈등 상황이 생길 때마다 나는 독일의 철학자 칸트의 말을 떠올린다.

　'화를 내는 것은 다른 사람의 잘못 때문에 나에게 벌을 주는 것이다.'

누구나 실수할 때가 있고, 일이 생각대로 풀리지 않을 때가 있다. 이럴 때 우리는 분노에 불을 붙여 맞서 싸울 것인지 혹은 냉정히 문제를 해결할 것인지 선택할 수 있는데, 둘의 결과는 물론 완전히 다르다. 다음 이야기는 갈등 상황이 발생했을 때 어떤 마음가짐으로 문제를 대해야 하는지 잘 보여주고 있다.

한 대학교수가 아이와 함께 과일가게에서 과일을 고르고 있었다. 교수가 계속 과일을 만지작거리자 과일 장수가 퉁명스럽게 말했다.

"이보시오, 과일을 살 거요, 말 거요? 안 살 거면 그만 만지시오."

교수가 공손히 대답했다.

"아, 살 겁니다. 사고말고요."

그는 신중히 고른 과일을 과일 장수에게 건네며 가격을 물었다. 과일 장수는 이번에도 퉁명스러운 말투로 대답했다.

"이거 엄청 비싼 과일인데, 살 돈은 있는 거요?"

교수는 여전히 공손한 말투로 대답하며 돈을 건넸다.

"그럼요. 돈 여기 있습니다."

집에 돌아가는 길에 아이가 아빠에게 물었다.

"아빠, 아빠는 사람들이 존경하는 교수님이잖아요. 그런데 왜 아까 그 아저씨가 그렇게 퉁명스럽게 말하는데 가만히 계셨어요? 화가 나지 않으셨어요?"

교수가 대답했다.

"모든 사람에게 공손하고 친절한 것은 나의 수준을 보여주는 것이고, 무례하고 퉁명스러운 것은 그 과일 장수의 수준이란다. 그의 수준이 낮다고 해서 나의 수준까지 깎아내릴 수는 없지 않겠니?"

어떤 사람은 상대방의 잘못이 아닌데도 자신의 기분을 상하게 했다는 이유로 무작정 화를 내기도 한다. 그러나 화를 낸다고 문제가 해결되는 것은 아니다. 오히려 상황을 더욱 악화시킬 뿐이다. 사리 분별이 밝은 사람은 아무리 화가 나는 상황에서도 차분히 자기 입장을 설명한다.

오해가 생겼을 때는 먼저 자신의 잘못이 아닌지 살펴보고 만약 그렇다면 즉시 잘못을 바로잡아야 한다. 설령 자신의 잘못이라고 해도 욱하는 마음에 화를 내지 말고 적당한 시기를 찾아 상대방과 대화로 문제를 해결해야 한다. 이것이 마음이 너그럽고 아량이 넓은 사람의 본분이다.

요즘 사람들은 거의 매일 '피곤하다'라는 말을 입에 달고 산다. 어느 날 일흔이 훨씬 넘은 백발 할머니가 얼굴에 피로 가득한 사람들을 보면서 미소 띤 얼굴로 말했다.

"좋은 사람이 되는 방법은 그리 어렵지 않아요. 행복한 인생을 사는 방법도 마찬가지죠. 첫째는 자신의 잘못 때문에 스스로를 벌하지 않고, 둘째는 자신의 잘못 때문에 다른 사람에게 상처를 주지 않으며, 셋째는 다른 사람의 잘못 때문에 스스로를 벌하지 않는 거랍니다. 이 세 가지만 지킨다면 인생은 그리 피곤한 것이 아니에요."

행복한 인생을 살기 위한 세 가지 팁을 알려준 백발의 할머니는 바로 장윈허(張允和)이다. 그녀는 중국의 저명한 언어학자 저우유광(周有光)의 부인이고, 중국의 대문호 선충원(沈從文)의 처형이다. 그녀 역시 젊은 시절에는 실패와 좌절을 거듭하고 죽음의 문턱까지도 다녀왔지만, 그런 경험 덕분에 삶을 더욱 여유롭게 바라보고 너그러운 사람이 될 수 있었다.

갈등 상황이 생겼을 때 화내지 마라. 그것이 자신의 잘못이든 상대의 잘못이든 화는 아무것도 해결해주지 못한다. 이때는 서로 머리를 맞대고 대화로 풀어나가는 것이 가장 좋다.

상대방이 나를 속여도 화내지 마라. 대신 지혜를 발휘해 상대방이 스스로 잘못을 뉘우치게 해야 한다. 누군가가 나를 오해했다고 화내지 마라. 충분히 설명하면 대부분의 오해는 풀리기 마련이다. 그럼에도 오해가 풀리지 않는다면 시간의 흐름에 맡겨둬라. 누군가와 논쟁을 벌일 때 화내지 마라. 화를 낸다는 것은 자신감이 부족하다는 사실을 드러낼 뿐이다. 목소리가 크다고 해서 자기 뜻이 더 잘 전달되는 것은 아니다. 목소리를 높일수록 오히려 약점을 드러내는 것이니 주의해야 한다.

세상은 하루가 다르게 변화하고 있다. 이런 세상에서 내게 주어진 환경을 바꾸고, 타인을 변화시키기란 거의 불가능하다. 하지만 자기 자신은 변화시킬 수 있다. 타고난 성격을 바꾸기 힘들다면 세상을 대하는 태도부터 조금씩 바꿔보는 것은 어떨까?

다른 사람들에게 너그러운 이는 자기 자신에게도 너그럽다. 부디 다른 사람의 잘못 때문에 자신을 벌하는 사람이 되지 말라.

행복은
어디에나 있다

　누구든 한 번 사는 인생을 매일 즐겁게 보내고 싶어 한다. 그러나 즐거움은 단순한 것 같으면서도 복잡한 문제다. 날마다 즐거운 마음으로 살아가기 위해서는 먼저 즐거움의 본질을 명확히 이해해야 한다.

　즐거움은 내면에서 우러나오는 진실한 감정이다. 진정한 즐거움은 자연스러운 인성의 표출인데, 이는 외부 사물에 의해 좌우되는 것이 아니다. 물질적인 것은 인간의 생리적 필요를 만족시킬 뿐이다. 돈이 많으면 생활은 풍요롭지만 정신적인 부분까지 만족시킬 수 있는 것은 아니다.

　행복한 인생은 생명의 가치를 충분히 발휘하는 것이다. 그런

의미에서 돈은 행복한 인생을 가늠하는 기준이 될 수 없다. 사람의 도덕성은 돈으로 살 수 없고, 지식과 학문 역시 돈으로 쌓을 수 없기 때문이다.

행복을 좌우하는 요소는 단 한 가지, 바로 당신의 마음가짐이다. 심리학자들은 긍정적인지 여부에 따라 행복의 정도가 결정된다고 말한다. 부정적인 사람은 행복을 얻지 못할뿐더러 행복이 바로 옆에 있어도 그것을 발견하지 못한다.

분명, 행복은 우리 마음속에 있다. 마음을 열고 긍정적으로 세상을 바라보면 멀지 않은 곳에서 행복이 우리를 향해 손 흔들고 있는 게 보일 것이다.

밭에서 김을 매던 농부가 하늘에 새 한 마리가 날아가는 것을 보며 말한다.

"새는 먹이를 찾으러 저렇게 종일 날아다녀야 하니 정말 고생이네, 고생이야."

창밖을 바라보던 소녀는 새를 바라보며 이렇게 말한다.

"새는 저렇게 마음껏 날아다닐 수 있으니 정말 행복할 거야."

이처럼 같은 사물을 바라보는데도 느끼는 감정과 생각이 모두 다르다. 마음가짐이 긍정적일 때는 무슨 일을 하든 희망이 샘솟지만, 마음가짐이 부정적일 때는 모든 일을 비관적으로 바라보게 된다.

외국의 한 초등학교 교사가 학생들을 상대로 심리 실험을 진행했다. 교사가 말했다.

"눈동자가 파란색인 학생들이 갈색인 학생들보다 지능이 더 높고 모든 분야에서 더 우수하다는 통계 결과가 나왔다는구나."

그런 다음 눈동자 색에 따라 아이들을 두 그룹으로 나누어 관찰했다. 일주일 뒤 두 그룹의 학업 성적을 비교해본 결과 파란색 눈동자를 가진 학생들은 성적이 월등히 올랐고, 갈색 눈동자를 가진 학생들은 성적이 떨어졌다.

교사가 다시 학생들에게 말했다.

"알고 보니 내가 통계 결과를 착각했더구나. 사실은 갈색 눈동자를 가진 학생들이 파란색 눈동자를 가진 학생들보다 지능이 더 높다는구나."

얼마 후 교사가 다시 학생들의 학업 성적을 비교해본 결과 이번에는 갈색 눈동자의 학생들 성적이 월등히 오르고, 파란색 눈동자의 학생들은 성적이 떨어져 있었다.

마음가짐은 우리의 운명을 결정한다. 로마 시대의 철학자 마르쿠스 아우렐리우스는 말했다.

"어떤 생각을 가지고 사느냐에 따라 인생이 달라진다."

우리가 인생을 천국으로 바라보면 천국처럼 아름답고, 인생을 지옥으로 바라보면 지옥처럼 괴로울 것이다.

자신이 할 수 있는 일, 잠잘 수 있는 충분한 시간, 너와 나를 구분하지 않는 친구, 그 친구와 함께하는 즐거운 일과 슬픈 일, 지치고 피곤할 때 따뜻한 물에 몸을 담그는 것, 목이 마를 때 시원한 콜라 한 잔을 마시는 것 등등 이 모든 것이 행복이다. 살면서 모든 일을 긍정적이고 적극적으로 대하면 매 순간 행복을 느낄 수 있다.

기분 좋은 일을 상상하면 기분 좋은 일이 생기고, 괴로운 일을 상상하면 괴로운 일이 생기는 법이다. 우리 마음속에 실패 생각으로 가득 차 있으면 무슨 일을 하든 실패할 수밖에 없다.

요컨대 행복이란 우리 주변의 환경과 일상에 대해 느끼는 만족스러운 상태다. 생각을 바꾸면 어디에나 존재하는 행복을 발견할 수 있을 것이다.

사냥감을 잡아야
진짜 훌륭한 사냥꾼이다

끈기와 인내는 성공을 위한 필수 덕목이다. 무슨 일이든 끈기 있게 하는 사람들은 눈앞의 성과에 연연하지 않고 끊임없이 자기 자신을 격려하며 나아간다.

'만족 지연'은 심리학 용어로, 끈기와 인내의 중요성을 잘 보여주는 개념이다. 만족 지연이란 더 큰 이익을 위해 눈앞의 작은 이익을 포기하고 인내할 줄 아는 강한 자기 통제력을 의미한다.

미국의 한 심리학자는 만족 지연과 관련된 실험을 진행했다. 그는 한 초등학교에서 아이 여덟 명을 선발해 빈 교실에 모아놓고 그들 앞에 맛있는 마시멜로를 올려놓았다.

"자, 여기 있는 마시멜로는 너희 것이란다. 지금 당장 먹어도 좋지만, 만약 내가 다시 교실에 돌아올 때까지 먹지 않고 기다린다면 마시멜로를 하나 더 줄 거란다."

심리학자가 교실을 떠난 후 대부분의 아이는 마시멜로를 곧장 먹어 치웠다. 하지만 그중 두 명은 꾹 참고 기다렸다. 그리고 40분 후 심리학자가 돌아왔을 때 둘은 약속대로 마시멜로를 하나씩 더 받았다. 이 심리학자는 그 후로 20년 동안 실험에 참가한 아이들을 추적 조사했다. 그 결과 마시멜로를 먹지 않고 기다린 학생들이 그렇지 않은 학생들보다 학업 성적이 평균 20점이나 높았고 직장에 들어가서도 실패를 극복하는 능력이 뛰어난 것으로 나타났다.

일명 '마시멜로 실험'이라고 불리는 이 실험은 인내와 끈기가 성공에서 얼마나 중요한지를 보여준다. 우리가 꿈꾸는 것들은 당장 실현하기 어려울 수 있다. 그것을 실현하기 위해서는 오랜 시간 인내할 수 있어야 한다.

하버드대학교에서는 '성공에 영향을 주는 요소'에 관한 추적 조사를 한 적이 있는데, 조사 결과 '시간 투시력'이 꼽혔다. 시간 투시력이란 사람이 계획을 세울 때 고려하는 시간의 길이를 의미한다. 시간 투시력이 긴 사람들은 장기적 목표를 세워놓고 그 실현을 위해 매일 열심히 일한다. 전문가들 중 시간 투시력이 길게는 20년인 사람도 있다고 한다. 반면 시간 투시력이 짧은 사람들은 눈앞의 즐거움에만 관심을 기울일 뿐이다.

〈와호장룡〉은 이안 감독을 세계적인 영화감독의 반열에 오르게 한 작품이다. 그가 운이 좋아 성공을 했을까? 사실 그는 오늘날의 자리에 이르기까지 아주 오랜 인고의 시간을 견뎌야 했다.

이안은 1978년 예술학교를 졸업하고 일리노이대학교에서 연극 공부를 계속했다. 그는 1년 동안 졸업 작품을 만드는 데 힘썼고, 1983년에 석사 과정까지 무사히 마쳤다. 그의 졸업 작품은 그해 최고의 작품상을 받았고, 여러 매니지먼트 회사에서 관심을 보였다. 이안은 그중 한 회사와 계약을 맺었고, 그 회사는 할리우드 진출을 돕겠노라 약속했다. 그러나 막상 계약하고 보니 그가 생각한 회사가 아니었다. 이안은 당연히 회사에서 감독을 소개해줄 거라고 생각했는데, 그 회사는 만들어진 영화의 홍보만 담당할 뿐 영화는 그가 직접 만들어야 했던 것이다. 그러나 그에게는 영화를 만들기 위해 가장 먼저 필요한 극본조차 없었다. 이후 그는 오로지 극본을 쓰는 데 전념했다. 그는 꼬박 6년 동안 집에서 극본을 쓰며 기회가 오기만을 기다렸다.

이안은 할리우드의 문턱이 너무 높다고 판단해 먼저 타이완에서 기반을 다지기로 결정했다. 그렇게 타이완에서 발표한 첫 영화 〈쿵후 선생(推手)〉은 큰 호평을 받았고, 6년간의 결실을 인정받았다.

그는 영화가 성공한 뒤 말했다.

"육 년은 아주 긴 시간이에요. 만약 내게 인내심이 부족했다면 〈쿵후 선생〉은 세상에 나오지 못했을 거예요. 오늘날의 저를 만든 건 모두 제 끈기 덕분입니다."

인내심을 갖고 버틴다는 것이 말처럼 쉬울까? 인내심이 부족한 사람들은 한계에 부딪힐 때마다 적절한 핑계를 찾는다. 그 핑계는 굉장히 합리적일지는 몰라도 어쨌든 핑계일 뿐이다. 자신이 생각한 목표를 실현하기 위해서는 끝까지 포기하지 않는 인내심이 필요하다.

할 만한 가치가 있는 일은 시작했으면 반드시 끝까지 하고, 할 만한 가치가 없는 일은 처음부터 시작하지 마라. 사냥감을 쫓기만 하는 사냥꾼은 훌륭한 사냥꾼이라 할 수 없다. 진짜 훌륭한 사냥꾼은 사냥감을 끝까지 쫓아 손에 쥐는 사람이다.

열등감에 예민하게
반응하지 마라

　　세상에 완벽한 사람은 없다. 사람이라면 저마다 부족한 점이 하나씩은 있기 마련이다. 그런데 자신의 단점 때문에 열등감을 느끼고 어떻게든 그것을 감추려고 애쓴다.

　사람들은 타인이 자신을 어떻게 평가하는지를 굉장히 신경 쓰고 행여 놀림거리가 되지는 않을까 걱정한다. 그러나 사실 사람들은 남에게 큰 관심이 없다. 누군가의 말이나 행동을 예민하게 받아들이는 건 오로지 자신이 가진 열등감 때문이다.

　열등감이 생기는 이유는 자기 자신에 대한 자신감이 부족하기 때문이다. 열등감에 사로잡힌 이들은 자신이 가진 능력을 끊임없이 의심하고 늘 타인보다 못났다고 생각한다. 성공한 사람

들이 가장 경계하는 것이 바로 이 열등감이다. 그렇다면 열등감에서 벗어날 방법은 무엇일까?

열등감의 또 다른 특징은 실패에 대한 핑계를 찾는다는 것이다. 자신감이 부족하고 자존감이 낮은 사람들은 실패했을 때 그 상황에서 벗어나기 위한 핑계를 먼저 찾는다. 이것은 실패를 극복하는 데도, 열등감에서 벗어나는 데도 도움 되지 않는다.

세상에 열등감이 전혀 없는 사람은 없다. 성공한 이들은 자신의 열등감을 성공 동력으로 바꿀 줄 안다.

열등감은 언제 어디서나 우리 곁을 따라다닌다. 누군가가 내 열등감을 건드렸을 때 감정의 동요가 일어나는 건 어쩔 수 없다. 다만 이럴 때는 예민하게 반응하지 않고 감정의 동요를 정상적 출구로 배출시키는 지혜를 발휘해야 한다. 이렇게 감정을 조절하는 법을 익히다 보면 심리적 불안감이 해소되고 열등감을 조금씩 극복해갈 수 있다.

자기반성은 우리의 오점을
보여주는 거울이다

'일일삼성오신(日日三省吾身).'

증자(曾子)는, 군자는 하루에 세 번 내 몸을 살피며 반성해야 한다고 말했다. 이처럼 사람은 늘 자기 자신을 살피고 반성하는 일을 게을리해서는 안 된다. 그러나 안타깝게도 물질적인 풍요를 누리는 이 시대에 이를 실천하는 사람은 거의 없다. 우리는 타인이나 외부 사물에 지나치게 많은 관심을 기울이느라 정작 나 자신을 살피는 데 소홀하다. 타인의 흠을 찾아내는 건 어렵지 않지만 내 흠을 발견하기란 결코 쉽지 않다. 오직 자기반성을 게을리하지 않는 사람만이 자신의 잘못이나 부족한 점을 깨닫고, 이로써 같은 실수를 반복하지 않고 올바른 방향으로 나아갈 수 있다.

미국의 유명 투자 회사 GMO 설립 당시 회사의 투자자인 제레미는 함께 일할 직원 몇 명을 선발했고 그중 한 사람이 제럴드였다. 제럴드는 겉보기에 아주 평범했다. 3개월 후 직원들의 업무 성과를 평가한 결과 제럴드의 실적이 가장 좋았다.

알고 보니 제럴드는 대학교 때부터 지켜온 특별한 습관이 하나 있었다. 그는 매일 자신이 해야 할 일을 계획해놓고 밤에 집에 돌아가서 거울을 바라보며 계획한 일들을 얼마나 완성했는지, 어떤 일을 잘했고, 어떤 일을 잘못했는지 혼잣말을 중얼거리며 반성의 시간을 가졌던 것이다. 이것이 습관이 되다 보니 그는 자신의 장단점을 정확히 파악할 수 있었다. 이를 통해 실제 업무에서 자신이 잘하는 것은 살리고, 못하는 부분은 보완해 뛰어난 성과를 낼 수 있었다.

이 사실을 알게 된 제레미는 제럴드에게 회사 직원들을 대상으로 '거울 비추기 철학'이라는 주제로 강연을 부탁했다. 그 이후 제럴드는 판매 총책임자 자리에 올랐고 GMO를 세계적인 회사로 키우는 데 많은 공헌을 했다.

'거울 비추기'는 일종의 자기반성이다. 자기 자신을 정확하게 이해하고 있는 사람은 많지 않다. 세상에서 자기 자신을 이해하는 것만큼 어려운 일도 없을 것이다. 자기반성과 자신에 대한 냉철한 분석은 마음속 먼지를 털어내주고 어둠 속에서 헤맬 때 밝은 빛이 있는 곳으로 인도해준다.

러시아의 대문호 막심 고리키는 '자기반성은 우리가 가진 오점을 비춰주는 거울 같은 것'이라고 말했다. 사람은 누구나 부족한 면이 있기에 끊임없는 자기반성이 필요하다. 그래야만 계속 나아갈 수 있고 인생이라는 긴 강에서 잘못된 길로 흘러가지 않을 수 있다.

PART 2

감정을
이해하면
감정을
변화시킬 수
있다

06

힘이 들 땐 미소를 지어보자

: 심적 부담을 줄이고 우울한 감정 털어버리기

시간은 오늘만 우리 곁에 머문다 | 마음속에 미소를 그리면 행복이 찾아온다 | 마음의 문이 닫혀 있으면 빛이 들어오지 못한다 | 꽃을 지나치면 아름다운 나비를 만나게 된다 | 고치에서 나온 나비의 날개는 더욱 단단해진다 | 새는 날아가면서 하늘에 흔적을 남기지 않는다 | 아름다운 꽃이 지면 열매가 맺힌다

시간은 오늘만
우리 곁에 머문다

아침에 출근하려고 집을 나서는데 신발 끈이 끊어져 신발을 바꿔 신었다. 그런데 그 1분 때문에 버스를 놓치고 오늘도 지각하고야 말았다. 회사에 도착해보니 상사의 기분이 좋지 않아 온종일 눈치를 봤다. 퇴근하고 지친 몸을 이끌고 마트에 들렀는데 엘리베이터는 고장 나 있고, 밥을 먹으러 간 식당의 음식은 형편없었다.

우리는 매일매일 일상이 순탄하게 흘러가기를 바라지만 현실은 결코 그렇지 않다. 크고 작은 골칫거리들을 상대하느라 시진 사람들은 이렇게 한탄한다.

'왜 이렇게 되는 일이 없을까? 내 마음대로 되는 일이 하나도

없네!'

중국 기(杞)나라에 살던 한 사람은 하늘이 무너질까 봐 늘 걱정이었다. 그는 만약 하늘이 무너지면 어디로 도망쳐야 하나 걱정하다가 결국 몸져 눕고 말았다.

그가 아프다는 소식을 듣고 친구가 찾아왔다. 친구의 문안에 그는 근심 가득한 얼굴로 자신의 걱정을 털어놓았다. 친구는 크게 웃으며 말했다.

"하늘이 왜 무너진단 말인가! 그리고 설령 무너진다 한들 어디로 도망치든 다 죽게 될 텐데 그걸 뭣 하러 걱정하는가?"

모든 걱정 중 가장 골치 아픈 걱정 하나는 어제의 걱정이고, 또 하나는 내일의 걱정이다. 어제는 이미 지나갔고 무슨 수를 써도 되돌릴 수 없으므로 걱정은 감정 소모일 뿐이다. 그런데도 사람들은 지난날을 후회하고 걱정한다. 또한 아직 오지 않은 내일 무슨 일이 생길까 봐 걱정한다. 마치 걱정을 많이 하면 모든 일이 순조롭게 풀리기라도 하는 것처럼 말이다. 그러나 모두 부질없는 걱정일 뿐이다.

시간은 한 방향으로만 흐른다. 어제에서 오늘로, 오늘에서 내일로 흘러가며 우리 곁에 머무는 건 오늘 하루뿐이다. 누구에게나 하루는 24시간이다. 길다면 길고, 짧다면 짧은 이 시간을 잘

활용하면 의미 있는 일을 아주 많이 할 수 있다. 하지만 어제에 대한 후회와 내일에 대한 걱정으로 이 시간을 낭비한다면 정작 오늘 해야 할 일을 하지 못하고 만다.

걱정이 극에 달했을 때 우리는 그것에서 벗어나기 위해 발버둥을 친다. 하지만 걱정을 붙잡고 놓지 못하는 건 오히려 내 쪽이다. 어떤 일을 계속 걱정하고 있으면 안심이 된다는 사람들이 있다. 하지만 걱정은 결코 마음을 편하게 해주지 못하며 내 마음속 돌덩이를 더욱 무겁게 할 뿐이다. 걱정은 스스로 놓지 못하면 다른 사람들이 아무리 좋은 해결책을 내놓은들 사라지지 않는다.

매일 걱정에 사로잡힌 사람은 다른 일에 집중하지 못하고 판단력도 흐려진다. 먼 곳을 봐야 더 멀리 갈 수 있는 법, 눈앞의 작은 일에 집착하다 보면 큰일을 할 수 없다.

걱정을 쉽게 잊어버리는 것도 인생의 지혜다. 한 번 사는 인생이다. 내게 주어진 소중한 오늘을 어제와 내일에 대한 걱정에서 벗어나 편안하고 즐겁게 보내야 하지 않겠는가?

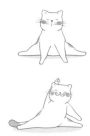

마음속에 미소를 그리면
행복이 찾아온다

　　실패와 좌절은 과거의 기억일 뿐이다. 실패와 좌절은
우리 삶에 그 어떤 무게도 더할 수 없다. 우리는 살면서 마주하
는 모든 도전과 시련에 담담한 태도를 유지하고, 항상 미소 짓는
얼굴로 인생을 바라봐야 한다.

　　스스로에게 미소할 줄 아는 사람의 인생은 그렇지 않은 사람
보다 한결 평온하다. 인생에 큰 시련이 닥칠 때마다 그걸 내 능
력을 시험하는 기회라고 생각해보자. 그러면 설령 도중에 넘어
지더라도 쉽게 포기하지 않을 것이고 뜻대로 되지 않는다고 해
서 크게 실망하거나 걱정하지도 않을 것이다. 힘들 때 미소를 지
을 줄 아는 사람은 실망과 슬픔을 오랫동안 담아두지 않는다. 인

생은 끊임없이 비우고 줄여가는 과정임을 알기 때문이다.

엘리자베스 콘리는 제2차 세계대전 당시 하나뿐인 아들을 전쟁터에서 잃었다. 그녀는 자식을 잃은 슬픔과 고통에서 쉽게 헤어나지 못했다. 실의에 빠진 그녀는 모든 것을 내려놓고 고향에서 여생을 보내기로 결심했다. 그런데 고향으로 갈 짐을 챙기던 중 우연히 아들이 생전에 써놓은 글을 보게 되었다.

'나는 언제 어디서든, 어떤 어려움에 처했든 용감히 맞서 싸울 것이다. 나는 불행과 고통도 웃으며 받아들일 수 있는 진정한 남자가 될 것이다.'

아들의 글을 읽는 순간 그녀는 영혼이 깨어나는 것을 느꼈다. 그녀는 전쟁 중에 사랑하는 가족을 잃은 사람들이 아주 많을 거라는 생각이 들었다. 그래서 고향으로 돌아가려는 생각을 접고 글을 쓰기 시작했다. 아들을 잃은 슬픔을 종이에 옮겨 담은 그녀는 훗날 작가로서 세상에 이름을 알리게 되었다.

엘리자베스 콘리는 자신의 마음속에 미소를 새겨 넣고 남은 생을 의미 있게 살겠노라 결심했다. 인생은 우리 뜻대로 흘러가지 않으며 이미 벌어진 일은 후회하고 슬퍼한들 돌이킬 수 없다. 오직 할 수 있는 일은 내게 주어진 오늘 이 시간을 열심히 살아가는 것뿐이다.

힘들 때 마음속에 환히 웃는 얼굴을 그려보자. 그럼 밝고 긍정적인 마음, 시련과 고통에 맞서 싸울 용기가 생길 것이다. 마음속에 담아둔 희망과 꿈을 포기하지 않는다면 아무리 큰 고통 속에서도 아름다운 꽃을 피울 수 있다.

우리는 자신이 꿈꾸는 행복한 인생을 살기 위해 쉬지 않고 노력한다. 그런데 실제로는 행복해져야 한다는 결심과 노력이 오히려 우리 삶에 더 많은 압박과 무게를 더하고 있다. 그래서 노력할수록 행복은 멀어지고 점점 더 살기 힘들다고 느끼는 것이다.

인생의 무거운 짐들을 내려놓는 연습을 하자. 과중한 부담감을 내려놓고 마음을 비우면 우리가 원하는 행복에 한 걸음 더 다가갈 수 있다.

미소에는 신기한 힘이 있다. 마음속에 언제나 미소를 띠고 있으면 아무리 괴롭고 힘든 일도 오래 머무르지 못하고 흘러간다. 거울을 보고 환하게 미소 지으면 내 모습에 자신감이 생긴다. 창밖을 보고 활짝 미소하면 창밖의 모든 만물이 나를 응원해주는 기분이 든다. 내 인생을 바라보고 밝게 미소 지으면 인생은 소소하지만 소중한 행복으로 화답한다.

힘들고 지칠 때 마음속에 미소를 그리고 나면 마음이 즐거워진다. 마음속의 근심을 없애는 일은 마음의 독소를 배출하는 것과 같다. 마음의 독소가 모두 배출되고 나면 그곳은 희망의 빛으로 가득 찰 것이다.

마음의 문이 닫혀 있으면
빛이 들어오지 못한다

요즘 들어 이른바 '집돌이', '집순이'가 많아졌다. 이것은 개인이 선호하는 생활방식이고 다른 사람에게 피해를 주지도 않는다. 하지만 너무 오랫동안 폐쇄적인 생활을 하다 보면 사상이나 행동이 사회와 점점 동떨어지게 된다. 지셴린은 노년의 친구들에게 스스로 고립되는 것을 가장 경계해야 한다고 말했다. 노인들뿐만 아니라 현대 사회를 살아가는 모든 사람이 마음에 새겨야 할 말이다.

폐쇄적인 공간에 자신을 가두면 활동에 제한이 있을뿐더러 생각 역시 일정한 틀에 갇히게 된다. 그러다 보면 사람도 생각도 빛을 보지 못해 어둡고 우울하게 변해간다.

네 살, 다섯 살 형제가 있었다. 형제는 거실 옆 작은 방을 함께 썼는데, 그 방은 늘 창문과 커튼이 꽁꽁 닫혀 있어 어두침침했다. 방에 있을 때 형제의 표정은 늘 어두웠고 어떤 일에도 흥미를 보이지 못했다. 형제는 어느 날 바깥의 빛을 방에 옮겨 오기로 결심했다. 커튼을 걷고 창문을 활짝 열어 빛이 들어오게 만들었다.

창문이 꽁꽁 닫혀 있으면 빛이 들어오지 못한다. 마찬가지로 마음의 문을 걸어 잠그면 밝은 빛이 들어오지 못해 마음속에 어둡고 부정적인 감정들만 쌓이게 된다.

모든 사람의 마음은 처음에는 활짝 열려 있고 그 안은 따뜻한 빛으로 가득 차 있다. 그러나 나이를 먹고 수차례 실패와 좌절을 경험하면서 그 문은 서서히 닫히게 된다. 다른 사람들이 내 치부와 상처를 들여다보면 어쩌나, 누군가로부터 상처를 받으면 어쩌나 두려운 마음에 한 번 닫은 문을 쉽게 열지 않는다. 때로는 꽁꽁 닫힌 문을 활짝 열어젖히고 한숨 돌리고 싶을 때도 있다. 그러나 조심스럽기도 하고 두렵기도 해 열었던 문을 다시 닫아 버린다. 혼자서만 마음을 열었다가 사람들의 비웃음을 사는 것이 싫어서 차라리 마음의 벽에 둘러싸여 고립되기를 자처한다. 상처는 더욱 깊어진다.

인생의 괴로움을 이겨내는 가장 좋은 방법은 마음속 부정적인 감정들을 털어내고 마음을 활짝 열어 즐거움의 빛을 흡수하는 것이다. 사랑하는 가족들과 휴가를 떠나거나, 산책하거나, 좋아하는 운동을 하는 것 등으로 부정적인 감정을 털어버리자.

마음속 어둠은 밝은 빛을 받아들여야만 사라진다. 그러니 마음의 창문을 활짝 열자. 다른 사람들이 어떻게 하든 상관없다. 마음을 여는 것은 그들을 위한 것이 아니라 나 자신을 위한 일이기 때문이다.

꽃을 지나치면 아름다운
나비를 만나게 된다

　20대에 직장을 옮기는 것은 그리 어렵지 않다. 그건 아마도 아직 인생이 완전히 자리 잡지 않았기 때문일 것이다. 그러나 30대 중반이 훌쩍 넘어서 그동안 이뤄놓은 성과를 포기하고 새로운 일에 도전한다는 건 엄청난 용기와 노력이 필요하다.

　대부분의 사람은 포기를 두려워한다. 그래서 포기해도 잃을 것이 그리 많지 않은 일에 집착하고, 자신을 사랑하지도 않는 사람을 위해 목숨을 건다.

　어쩌면 사람들은 무엇을 포기하고, 무엇을 포기하지 않아야 할지 모르기 때문에 더 포기하지 못하는지도 모른다.

　포기해야 할 것을 포기하지 않으면 결국 인생에서 정말 중요한 것을 놓치게 된다. 일벌레인 아빠는 자신의 성취감과 책임감을 포기하지 못해 아이들과 함께하는 시간을 놓치고, 사랑을 포기하지 못해 자신의 꿈을 이룰 기회를 놓치고, 연인들은 각자의 자존심과 체면을 포기하지 못해 진정한 사랑을 놓치고…….

선택의 여지가 없다는 건 슬픈 일이다. 그러나 그보다 더 슬픈 일은 선택의 여지가 있음에도 두려움 때문에 선택하지 못하는 것이다. 그 선택으로 무언가를 잃는다면 당연히 슬프고 힘들겠지만, 인생은 그런 시련들을 견디며 조금씩 다듬어지는 것이 아니겠는가?

2002년 노벨 경제학상 수상자인 다니엘 카너먼은 연구를 통해 사람들이 100달러를 잃었을 때의 고통이 100달러를 얻었을 때의 만족보다 크다는 사실을 알아냈다. 이처럼 우리는 무엇인가를 잃는 것에 큰 두려움을 느낀다. 하지만 꽃을 포기하면 예쁜 나비를 잡을 수 있다.

포기는 무엇인가를 잃는 것이 아니라 새로운 것을 얻기 위한 선택이다. 그러니 잃는 것을 두려워하지 말고 자신 있게 나아가라. 그러면 조만간 더 큰 행복이 찾아올 것이다.

고치에서 나온 나비의 날개는
더욱 단단해진다

바다의 밀물과 썰물처럼 인생에도 기복이 있다. 살다 보면 밀물 때 물이 차오르듯 승승장구할 때도 있지만 썰물 때 물이 빠져나가듯 낙담하고 저조할 때도 있다. 인생이라는 긴 여정에서 우리는 얼마나 많은 밀물과 썰물을 경험하게 될지 모른다. 늘 밀물의 순간만 있으면 좋겠지만 썰물이 없으면 밀물의 아름다운 장관도 볼 수 없다.

한 번 실패했다고 해서 자신의 능력을 부정하거나 자신감을 잃을 필요는 없다. 성공도 실패도 모두 잠시다. 우리는 인생의 기복 앞에서 평상심을 유지하고 언제든 다시 시작할 용기를 길러야 한다.

한 번도 실패하지 않는 인생이란 없다. 사실, 실패가 꼭 나쁜 것만은 아니다. 때로는 실패를 통해 나 자신을 더 정확히 이해할 수 있기 때문이다. 실패의 경험에서 교훈을 얻고 다시 용기 내어 일어날 수 있다면 역경을 이겨내고 성공을 향해 걸어갈 수 있다. 지난날의 성공은 잊고 빈 잔을 다시 채워나간다는 마음가짐을 가져야 한다.

애벌레가 고치를 빠져나오려면 온 힘을 다해 발버둥 쳐야 한다. 이는 나비의 일생에 꼭 필요한 과정이다. 마찬가지로 인생의 역경도 우리 삶에 꼭 필요한 것이다. 고치를 빠져나오는 과정을 통해 나비의 날개가 더욱 단단해지듯 역경을 이겨내면서 우리 마음은 더욱 단단해진다.

제2차 세계대전에서 활약한 미국의 패트 장군은 말했다.

"성공이 우리를 시험할 땐 산 정상에서 무엇을 할 수 있는지 보는 것이 아니라, 가장 밑바닥에서 얼마나 높이 올라갈 수 있는가를 보는 것이다."

한 연설가가 연설 도중 20달러짜리 지폐를 한 장 사람들에게 보여주며 말했다.

"이 이십 달러 지폐를 갖고 싶은 사람이 있나요?"

그의 말이 끝나기 무섭게 사람들은 일제히 손을 들었다.

연설가가 다시 말했다.

"저는 오늘 이 이십 달러 지폐를 여기 계신 분들 중 한 분께 드릴 것을 약속합니다. 그러나 그 전에 해야 할 일이 있습니다."

그는 갑자기 손에 있는 지폐를 마구 구기기 시작했고 곧 지폐는 너덜너덜해졌다.

연설가가 다시 물었다.

"자, 이래도 아직 갖고 싶은 사람이 있나요?"

손을 들었던 사람 대부분이 다시 손을 들었다.

연설가가 이번에는 너덜너덜해진 지폐를 땅바닥에 놓고 더러운 발로 마구 밟았다. 그러고는 다시 지폐를 들고 물었다.

"지금은요? 아직도 갖고 싶은가요?"

좀 전보다는 훨씬 적은 수였지만 그래도 몇이 손을 들었다.

연설가가 웃으며 말했다.

"여러분, 보십시오. 제 손에 있는 이 지폐는 새것이든 헌것이든, 너덜너덜해졌든 더러워졌든 여전히 지폐의 가치가 있습니다. 지폐가 어떤 수난을 겪었든 그 가치는 변하지 않는 거죠."

우리는 역경에 부딪히면서 자기 가치를 의심할 때가 있다. 하지만 사람의 고유한 가치는 실패나 좌절로 말미암아 변하는 것이 아니다. 그러니 실패를 두려워하지 말고 훌훌 털어낸 뒤 일어나 걷자. 또 다른 성공이 우리를 기다리고 있을 것이다.

새는 날아가면서
하늘에 흔적을 남기지 않는다

우리는 살면서 이런 말들을 자주 내뱉는다.

"사는 게 정말 힘들어."

"이렇게 힘들게 살아서 뭐 하나?"

"언제까지 이렇게 고생해야 할까?"

"휴, 밤새 일해도 끝이 없네."

우리 삶은 늘 이렇게 고단하다. 그러다 보니 인생은 즐거움보다는 원망과 불평으로 가득 차 있을 때가 많다. 왜 내게만 이런 시련이 닥치는지, 신은 왜 내게 이런 운명을 내려주었는지, 왜 저 사람들은 행복한데 나는 그렇지 못한지……. 도무지 담담한 마음으로 인생을 바라볼 수가 없다.

그렇다면 담담한 마음이란 무엇일까? 담담하다는 것은 일종의 긍정적 마음이고, 자신감이며, 내면에서 우러나오는 즐거움이다.

삶은 거울과 같아서 우리가 웃는 얼굴로 바라보면 웃음으로 화답하고, 찡그린 얼굴로 바라보면 찡그린 얼굴로 응답한다. 인생에 언제나 웃을 일만 있는 것은 아니지만 그래도 웃자. 작은 일에 집착하고 무슨 일이든 부정적인 시선으로 바라보다 보면 괴로움에서 벗어날 수 없다. 즐겁게 사는 것은 어려운 일이 아니다. 평소 담담한 마음가짐으로 모든 일에 침착하고 태연하게 반응하기만 하면 된다. 그럼 인생은 아름다운 새의 노랫소리와 향기로운 꽃내음으로 가득할 것이다.

에디슨이 전구를 발명할 때 무려 1,500번이나 실험했지만, 전등에 적합한 필라멘트를 찾는 데 실패했다. 사람들은 그를 비웃으며 말했다.

"에디슨 씨, 천오백 번 실패했는데 설마 계속할 겁니까? 얼마나 더 창피를 당하려고요?"

하지만 에디슨은 사람들의 이목을 전혀 신경 쓰지 않았고 그들의 비웃음에 위축되지도 않았다. 그가 담담하게 말했다.

"잘못 아셨네요. 전 실패한 게 아니라 필라멘트로 적합하지 않은 소재 천오백 개를 발견하는 데 성공한 거랍니다."

에디슨은 실패와 사람들의 비웃음을 뒤로하고 자기 할 일을 계속했다. 이처럼 실패나 좌절의 순간에 담담한 태도를 유지하는 것은 내가 어떤 마음을 먹느냐에 달려 있다.

어떤 일에 실패하고 좌절했을 때 그 일로 괴로워하거나 실망하지 말고 더욱이 포기하지도 말고 그저 태연히 침착하게 그것들을 받아들여라. 가던 길을 계속 가다 보면 새로운 희망을 발견하게 된다.

언제 어떻게 성공하고 실패할지, 무엇을 얻고 잃게 될지 예측할 수 있는 사람은 없다. 그러나 긍정적인 마음으로 열심히 노력하고, 인생의 모든 기복에서 담담한 마음을 유지한다면 그 자체로도 인생이 즐거워질 수 있다.

눈물이 굴복을 의미하지 않고, 양보가 패배를 의미하지 않으며, 잠시 멈추는 것이 포기를 의미하지 않는다. 살면서 너무 지치고 힘이 들 때는 한바탕 눈물을 쏟아내 감정을 해소하자. 경쟁하면서도 한 걸음 물러나는 넓은 도량을 보여주자. 일이 잘 풀리지 않을 때는 잠시 발걸음을 멈추고 쉬어 갈 필요가 있다.

오늘날 급변하는 세상 속에서 사람들은 물질적 풍요를 누리고 있지만, 정신적으로는 오히려 더 공허해지고 있다. 이런 세상에서 평온을 얻을 방법은 무엇일까? 근심 걱정을 내려놓고 모든 일을 담담히 바라보는 것이다.

인도의 시인 타고르는 말했다.

"새는 하늘을 날면서 흔적을 남기지 않는다. 하지만 이 하늘에서 날개를 펴고 날아올랐었다는 걸 누구보다 잘 알고 있다."

담담한 마음가짐이란 바로 이런 것 아닐까? 남들과 비교하지 않고 담담히 내 길을 간다면 인생에 행복과 즐거움이 찾아올 것이다.

아름다운 꽃이 지면
열매가 맺힌다

우리는 살면서 많은 것을 놓치고 잊어버리며 산다. 그 런데 당신은 혹시 그 때문에 온종일 후회와 원망에 빠져 있지는 않은가? 만약 그렇다면 지금 당장 멈춰라. 무엇을 놓쳤든 인생 이 끝난 것은 아니기 때문이다.

사랑하는 사람이 떠났지만 내 곁에는 좋은 친구가 남아 있고, 직장을 잃었지만 대신 자유가 생기지 않았는가. 잃는 것이 꼭 나 쁜 것만은 아니다. 지금 무엇인가를 놓치고 잃었지만, 그 덕분에 더 좋은 기회가 찾아올지도 모른다.

꽃이 지면 시들한 잎사귀와 가지만 남는 것이 아니라 그 자리 에 열매가 맺힌다. 그러니 열심히 노력했는데도 기회를 놓쳤다면 실망하거나 슬퍼하지 말고 계속 걸어가면 된다. 더 많은 기회가 저 앞에서 우리를 기다리고 있다. 기회를 놓쳤다고 주저앉아 원망만 하고 있으면 아무것도 얻을 수가 없다.

놓치고 잃는 것이 당장은 기분 나빠도 멀리 보면 지금 놓친 기회가 나중에 더 큰 행운으로 돌아오기도 한다. 무엇인가를 놓치고 잃었을 때 이런 생각을 가질 수만 있다면 그 자체로도 큰 행운인 셈이다.

살면서 무엇을 놓치고 잃었든 앞으로 더 크고 좋은 무언가가 기다리고 있을 거라고 스스로를 믿어야 한다. 그것은 당장 눈에 보이지 않지만, 저 멀리서 우리가 발견해주기만을 기다리고 있다. 어떤 마음가짐을 갖느냐에 따라 평생 의기소침하게 살 수도 있고, 누구보다 당당하게 살 수도 있다. 삶은 아름다운 것이라 믿고 설령 무언가를 잃더라도 담담하게 받아들일 수 있다면 인생은 한결 행복하고 즐거워진다. 내가 잃어버린 무엇인가에 연연하지 않고 내가 갖지 못한 그 무엇 때문에 다른 사람을 원망하지 않는다면, 꽃이 지고 난 뒤에 풍성한 열매를 발견할 수 있을 것이다.

07

원망하지 않으면 행복하다

: 마음속 미움과 분노를 버려라

고통은 줄이고 행복은 늘리기 | 원망을 버리고 마음의 평온함을 되찾자 | 행동으로 원망을 잠재워라 | 마음껏 웃으면 근심 걱정이 사라진다 | 원망은 또 다른 문제를 낳을 뿐이다 | 즐거움을 찾아 나서라 | 최선을 다하고 나머지는 운명에 맡겨라

고통은 줄이고
행복은 늘리기

좋아하는 책을 읽고, 좋아하는 사람을 사랑하고, 한가로운 오후에 발코니 테이블 위를 나뭇잎들이 굴러다니는 풍경을 감상하고, 긴 의자에 누워 책으로 얼굴을 덮은 채 잠깐의 달콤한 낮잠을 즐기기……. 이 얼마나 단순하고 행복한 인생인가!

인생이 늘 이렇게 단순하고 행복했으면 좋겠지만 현실 속 우리는 때때로 삶이 힘들고 버겁다. 그럴 때마다 마음속은 온갖 걱정과 괴로움, 원망으로 가득 채워지고 이러한 부정적 감정에서 벗어나기란 쉽지 않다. 삶이 힘들다고 느끼는 이유는 우리가 작은 고통도 너무 크게 부풀리기 때문이다. 인생에 작은 걸림돌을 만났을 때 그것을 마음속에서 계속 부풀리다 보면 누군가에 대한 원망만 늘어갈 뿐 괴로움은 사라지지 않는다.

고통을 부풀리다 보면 고통이 시야를 가려 현실을 제대로 볼 수 없고 부정적인 감정들도 덩달아 늘어난다. 이렇게 무거운 고통을 짊어지고 있으면 인생이라는 길을 가벼운 발걸음으로 걸어갈 수 없다.

루소는 말했다.

"신체적인 고통과 양심의 가책 외에 모든 고통은 상상에서 나온다."

우리를 마음 아프게 하고, 고통스럽게 하고, 걱정하게 하는 일들 중 진짜 심각한 문제는 많지 않다. 루소의 말처럼 나머지 고통은 모두 상상에서 나온 것들이다.

어느 날 한 노부인이 실수로 달걀 한 알을 깨뜨렸다. 고작 달걀 한 알 깨진 것뿐인데, 노부인은 자신이 엄청난 손실을 입은 것 같은 생각이 들었다. 그녀는 생각했다.

'저 달걀이 깨지지 않았다면 머지않아 병아리가 태어났을 텐데, 만약 그 병아리가 암탉이라면 자라서 더 많은 알을 낳을 테고, 그 알에서 다시 암탉들이 나오고, 암탉들은 알을 낳고…… 결국 내가 오늘 잃은 것은 달걀 한 알이 아니라 양계장이로구나!'

노부인은 마음이 괴로웠다.

실제로 우리 주변에는 노부인과 비슷한 생각을 하는 사람이 의외로 많다. 그들은 아주 작은 고통도 크게 부풀려 자신이 만든 고통의 늪에서 헤어나지 못한다.

한 심리학자가 사람들의 걱정과 고통에 관한 흥미로운 실험을 했다. 심리학자는 실험에 참가한 사람들에게 주말 저녁에 한 주간 걱정되는 일들을 모두 적어 '걱정상자'에 넣어두라고 지시했다. 3주 후에 '걱정상자'를 확인해본 결과 사람들이 걱정하던 문제들이 실제로는 하나도 일어나지 않았다. 이로써 사람들의 걱정과 걱정으로 말미암은 고통은 모두 스스로 만들어내는 것임이 밝혀지게 되었다.

고통을 부풀리는 이들은 자신에게 닥친 시련을 객관적으로 보지 못하고 끊임없이 누군가를 원망한다. 그러나 고통에서 벗어나려면 원망을 멈추고 문제를 객관적으로 바라봐야 한다. 시련과 좌절은 누구에게나 닥치며 우리 삶의 일부분이기도 하다. 시련이 없는 인생은 완전할 수 없다.

고통을 줄이고 행복을 늘리려면 일상의 작은 일도 감사하게 생각할 줄 알아야 한다. 날씨가 좋아서, 출퇴근 시간에 길이 막히지 않아서, 상사에게 칭찬을 받아서, 보너스를 받아서 등등 우리를 즐겁고 행복하게 할 일상사는 참 많다. 작은 기쁨도 아주 큰 기쁨처럼 부풀려 생각하면 그만큼 더 행복할 수 있다.

행복의 정도는 그 사람이 얼마나 많은 부를 가졌느냐가 아니라 그 사람의 마음가짐에 따라 결정된다. 비관적인 마음가짐을 가진 사람은 아무리 많은 돈을 가졌어도 늘 걱정이 많고 불안하지만, 긍정적인 마음가짐을 가진 사람은 아무리 적게 가졌어도 일상의 모든 일에서 행복을 발견한다. 고통을 줄이고 행복을 늘리는 것이야말로 우리가 가져야 할 올바른 삶의 자세다.

원망을 버리고
마음의 평온함을 되찾자

　　원망은 아무런 힘을 발휘하지 못한다. 그럼에도 사람
들은 원망을 한다. 원망이 습관이 된 사람들은 심기가 조금이라
도 불편하면 눈에 보이는 모든 것을 원망의 대상으로 삼는다. 회
사의 일감들, 적은 월급, 원활하지 않은 의사소통, 잘 풀리지 않
는 연애, 심지어 날씨의 변화까지⋯⋯. 일상에서 이런 일들은 우
리 마음을 괴롭히고, 괴로운 마음은 이내 원망으로 이어진다.

　하지만 원망의 결과는 어떠한가? 아침부터 저녁까지 만나는
사람마다 원망을 늘어놓으면 마음이 편해질까? 그렇지 않다. 원
망을 쏟아냈지만 마음은 오히려 더 불편해지고 사람들에게 반
감을 사고 만다.

골치 아픈 일이 생겼을 때 원망부터 하는 것은 가장 현명하지 못한 처사다. 원망은 문제 해결에 전혀 도움이 안 된다. 문제가 생겼을 때 타인에게 원망의 화살을 돌리면 상대의 기분을 상하게 할뿐더러 자신 또한 상처를 받는다. 원망을 멈춰야만 문제 해결의 효과적인 방법이 떠오른다. 무엇보다 원망하지 않는 것은 타인뿐만 아니라 나 자신을 너그럽게 대하는 성숙한 태도다.

뜻대로 되지 않거나 마음에 들지 않는 일이 있다면 그것을 바꾸려고 노력해보자. 만약 바꾸지 못한다면 그것을 대하는 마음가짐을 달리 해보자. 이때 모든 원망은 불필요하다. 원망할 시간이 있다면 차라리 그 시간에 문제를 해결할 방법을 하나라도 더 찾는 편이 낫다. 원망은 즐거움의 가장 큰 적이고 인생의 독약이다.

행복한 인생의 전제는 누구든 원망하지 않는 것이다. 사람은 감정의 동물이기 때문에 일부러 노력하지 않으면 원망하는 마음은 저절로 사라지지 않는다.

원망하지 않는 사람이 되려면 먼저 평소에 무슨 일이든 원망하는 습관부터 버려야 한다. 원망하고 싶은 마음이 들 때면 일단 입을 다물고 주의력을 다른 곳으로 분산시켜보자. 손에 차고 있던 팔찌나 반지를 반대편 손으로 옮기는 것도 괜찮고, 들고 있던 물건을 주머니에 넣는 것도 괜찮다. 이렇게 여러 번 연습하다 보면 원망하는 습관을 고칠 수 있다.

이제 문제를 해결하려 노력해야 한다. 사람들이 원망하는 이

유는 문제를 해결할 자신이 없어서이기도 하다. 과감히 행동에 나선다면 나를 괴롭히던 문제가 실은 별것 아니었음을 발견하고 순조롭게 해결할 수 있다.

원망은 감정 소모만 일으키는 백해무익한 것이다. 원망을 버리면 마음의 평화가 찾아오고, 인생은 지금보다 훨씬 더 행복해질 것이다.

행동으로
원망을 잠재워라

습관적으로 원망하는 사람들은 모든 일이 운명이라 노력해도 바꿀 수 없다고 말한다. 이들은 비관적이고 절망적이며 운명을 핑계로 자신의 무능함을 감추려고 한다. 이들은 세상 어디를 가든 원망이 끊이지 않고 걸을 때마다 부정의 씨앗을 뿌리고 다닌다.

원망하기 좋아하는 사람들은 의지가 약하고 소극적이며 고생을 두려워한다. 이들은 주어진 운명에 맞서 싸우려는 노력을 전혀 하지 않고 모든 희망을 다른 사람에게 건다. 내가 변하려고 노력하기보다 상사가 변하기를 기다리고, 내가 문제를 해결하려고 노력하기보다 동료가 내 처지를 알아주고 대신 해결해주기를 기다린다. 이런 사람들은 절대 성공할 수 없다.

문제를 해결하지 않고 원망만 하는 것은 굉장히 무책임한 태도다. 사람이 말이 많다 보면 행동력이 떨어지는 법이다. 천 마디 원망보다 작은 행동 하나가 훨씬 더 강한 힘을 가진다.

어느 날 제프리가 목사에게 불만을 토로했다.

"하나님은 정말 불공평해요. 능력 있는 사람에게는 기회를 주지 않으면서 능력 없는 사람들이 성공하게 도와주니 말이에요. 제 친구 존 아시죠? 존은 학교 다닐 때 공부도 저보다 못하고 매번 제 숙제를 베꼈어요. 그랬던 개가 지금 엄청 유명한 작가가 되었어요. 책도 여러 권 내고 TV에도 나왔대요. 그렇게 무능력한 애가 도대체 어떻게 성공한 거죠?"

목사가 그의 말을 끊고 끼어들었다.

"내가 듣자 하니 존은 그동안 밤늦게까지 글쓰기 연습을······."

하지만 목사의 말이 끝나기도 전에 제프리는 또 다른 불만을 터뜨렸다.

"그리고 케빈 아시죠? 그 친구는 말이에요, 학교 다닐 때 몸도 약하고 달리기도 못했는데 지금 뭐가 되었는지 아세요? 유명한 운동선수요! 그게 말이나 되는 소리예요?"

목사가 말했다.

"내가 알기로 케빈은 평소에 밥 먹고, 잠자는 시간을 빼고는 모두 운동 연습을……."

역시 이번에도 케빈은 목사의 말을 끝까지 듣지 않았다.

"그런데 그중에서도 제일 화가 나는 건 마이크예요. 학교 다닐 때 마이크는 매일 빵만 먹을 정도로 집이 엄청 가난했거든요. 그런데 얼마 전에 고급 레스토랑 사장님이 되었다고 하네요!"

제프리는 목사가 채 말할 틈도 주지 않고 말했다.

"목사님이 보기에도 하나님은 참 불공평하죠?"

목사가 천천히 입을 열었다.

"하나님은 늘 공평하단다. 배고픈 사람에게 먹을 음식을 주시고, 몸이 약한 사람에게는 운동을 중요성을 깨닫게 해주시고, 모든 사람에게 꿈꿀 기회를 주시잖니. 이것이 공평한 것 아니겠니? 성공은 사다리 같은 거란다. 아무리 뛰어난 사다리 오를 기술을 갖고 있더라도 주머니에 두 손 넣고 있는 사람은 영원히 올라갈 수 없단다."

세상은 불공평하다. 그러나 불공평한 운명을 원망하지 않으면 언젠가 자신의 노력으로 운명을 바꿀 수 있다.

위신둥팡 그룹의 창업자 위민훙(俞敏洪)은 말했다.

"이 세상은 공평하지 않아요. 제가 베이징대학에서 공부할 때 유일하게 나만 가난한 농부의 아들이었고 다른 친구들은 죄다 교수나 고위직의 자식들이었죠. 그 친구들은 대부분 운전기사를 대동해 집과 학교를 오갔는데, 우리 집은 자동차 타이어조차 살 형편이 못 되었어요. 저는 그때 세상이 불공평하다는 걸 알았어요. 그래서 더 이상 공평함을 추구하지 않았어요. 대신 제 능력을 키우는 데 집중했죠."

그의 말처럼 인생은 원래 공평하지 않다. 그러니 스스로 자신의 운명을 바꾸려고 노력해야 한다. 위민홍은 자신의 노력에 기대어 가난이라는 운명의 족쇄에서 벗어날 수 있었다.

미국의 전 대통령 케네디는 "국가가 당신을 위해 무엇을 해줄 수 있는지 묻지 말고, 당신이 국가를 위해 무엇을 할 수 있는지 물어라"라고 했다. 만약 지금 자신의 인생에 불만이 있다면 먼저 그것을 바꾸기 위해 어떤 노력을 했는지 생각해보라. 만약 아무것도 하지 않았다면 지금 당장 당신의 능력을 발휘해보라. 원망을 버리고 노력하다 보면 내가 그토록 바라던 게 작은 행동만으로 실현될 수 있음을 깨닫게 될 것이다.

마음껏 웃으면
근심 걱정이 사라진다

즐거움과 행복은 사람이 추구할 수 있는 가장 이상적인 상태다. 살면서 얼마나 많은 굴곡이 있었든 인생의 최종 목표는 여전히 즐거움과 행복을 얻는 것이다. 원망하기 좋아하는 사람들이 쉽게 저지르는 실수는 마음속에서 부정적 감정을 계속 끌어내는 것이다. 그들은 이렇게 말한다.

"원망하고 화내는 것을 멈춰야 한다는 걸 알아요. 하지만 어떻게 해야 그것을 멈출 수 있는지 잘 모르겠어요."

이 문제를 해결할 방법은 바로 웃음이다. 살면서 매일 즐거운 일만 만날 수는 없다. 그렇지만 걱정되는 일이 생겼을 때 또 화가 나는 일이 있을 때, 억지로라도 미소를 짓고 나면 기분이 한

결 좋아진다.

사람은 저마다 살아온 배경과 즐거움에 대한 정의가 다르다. 따라서 즐거움을 느끼는 방식이 모두 다르며 그 누구도 나 대신 즐거워해줄 수 없다. 낙관론자들은 말한다.

"살아 있으면 희망이 있고, 희망이 있으면 누구나 행복할 수 있다."

그들은 일상의 작은 일에서도 더없이 큰 기쁨을 발견하고 마음을 열어 크게 웃을 줄 안다. 그래서 늘 즐겁다. 반면 잘 웃지 않는 사람은 주변의 모든 것을 부정적으로 바라보고 결국 이러한 부정적 감정에 휩싸여 벗어나지 못한다.

금융투자 회사의 부서장 류송은 회사에서 늘 엄하고 진지했으며 절대 웃음을 보이지 않았다. 그래서 직원들은 모두 그를 어려워했고 회사 안에는 마음을 터놓고 이야기할 동료가 없었다.

그는 결혼한 지 10년도 넘었지만, 아내도 그의 웃는 모습을 거의 본 적이 없었다.

어느 날 아침 그는 여느 때처럼 출근 준비를 마치고 거울 앞에 서서 옷매무새를 정리하다가 문득 딱딱하게 경직된 자신의 얼굴에 시선이 꽂혔다. 그는 갑자기 알 수 없는 불안감에 휩싸였다. 그는 병원을 찾아 의사에게 자신의 고충을 털어놓았다. 의사는 그에게 '웃음' 처방을 내렸다. 이제부터 누구를 만나든 환하게 웃으라는 것이었다.

이튿날, 아침에 아내가 식사하라고 부르자 그는 환하게 웃으며 식탁에 앉았다.

"이렇게 아침마다 밥을 차려주느라 당신이 고생이 많네. 잘 먹을게."

그의 달라진 모습에 아내는 잠시 어안이 벙벙해졌다. 그러나 이내 기쁜 목소리로 말했다.

"당신 오늘 좋은 일 있어요?"

"오늘부터 즐겁게 살기로 결심했어."

회사에서도 그는 동료들과 웃으며 인사했다. 모두들 처음에는 놀라워했지만 곧 웃는 얼굴로 그의 인사에 화답했다. 서서히 그는 동료들과도 가까워졌고 누구와도 스스럼없이 어울리게 되었다.

불평불만이나 원망을 멈춰야겠다는 생각이 들면 일단 미소를 지어보자. 그리고 밝고 긍정적인 사람들과 어울리며 즐거운 분위기 속에서 지내려 노력해보자.

살면서 얼마나 많은 실패와 좌절을 겪었든 그것에 미소로 응답한다면 아무리 큰 시련 앞에서도 평온한 마음과 담담함을 잃지 않을 수 있다. 미소는 당신의 인생을 더욱 빛나게 만들 것이고, 빛나는 인생은 당신의 미소를 더욱 아름답게 할 것이다.

원망은 또 다른
문제를 낳을 뿐이다

원망하기 좋아하는 사람들에게는 참 다양한 이유가 있다. 일이 너무 어렵고 힘들다, 회사의 대우가 좋지 않다, 승진이 느리다 등등 그들의 불평불만과 원망은 끝이 없다. 하지만 분명 같은 일을 하면서도 불평 한마디 없는 사람들도 있다. 과연 그들은 아무 불만이 없는 걸까? 아니면 그들이 심리적으로 더 강한 걸까?

많은 사람이 불평하고 원망할 때 묵묵히 그 일을 해낸 사람은 머지않아 큰 보상을 받는다. 그런 사람은 상사뿐만 아니라 직장 동료들 심지어 이웃집 꼬마에게도 환영받는다. 비결이 무엇일까?

그들은 불평과 원망이 문제 해결에 조금도 도움 되지 않음을 알기 때문이다. 그래서 불공평하다고 느끼는 부분이 있어도 참고 문제를 해결하는 데 더 집중한다. 많은 이가 불평과 원망을 늘어놓기만 하지, 그 문제를 어떻게 해결해야 할지에 대해서는 깊이 생각하지 않는다. 그러나 조금만 생각해보면 해결 방법은 아주 많다.

현명한 사람은 문제를 해결한다. 그들은 사람들이 모두 불평하는 일에서도 문제 해결의 기회를 찾는다.

직장은 많은 사람이 불만을 쏟아내기 쉬운 장소다. 정부기관이든 기업이든 대부분 피라미드 구조이기에 위로 올라갈 기회는 점점 줄어든다. 피라미드 아래층 사람들은 남들보다 더 빨리 위로 올라가려고 애쓰지만, 모두에게 기회가 보장되지는 않는다. 그래서 아무리 많은 노력을 기울이더라도 원하던 자리에 오르지 못할 때가 있다. 그럴 때 참지 못하고 온갖 불평과 원망을 쏟아내거나 심지어 상사에게 얼굴을 붉히며 대드는 이도 있다. 이들이 어떻게 좋은 인상을 남기겠는가?

반면, 주어진 일을 불평하지 않는 사람들은 좋은 인상을 남기고 신뢰를 심어준다. 다른 사람들이 불평만 하고 있을 때 그들은 묵묵히 자신의 할 일을 해서 성과를 내니 상사가 보기에 굉장히 믿음직스럽다. 그들이 나중에 더 높은 자리에 올라가는 건 어쩌면 당연하다. 이처럼 불평하고 원망하지 않는 것은 좋은 습관이

자 살아가는 데 필요한 중요한 지혜다.

어떤 직장에서든 더 높은 자리에 올라가려면 조직에 도움 되는 가치를 창출할 수 있어야 한다. 그러므로 지금 직책이 마음에 들지 않는다면 상사를 원망하기 전에 과연 나는 임무를 얼마나 잘 완성했는지 생각해봐야 한다.

성공한 사람들의 공통점은 어떤 문제가 생겼을 때 누군가를 원망하지 않고 해결 방법을 찾는 데 전념했다는 것이다. 원망하지 않아야 비로소 전진할뿐더러 성공할 수 있다. 훌륭한 사람들이 그랬듯, 원망을 멈추고 지금 닥친 시련과 고통을 능력 향상의 계기로 삼는다면 좋은 기회가 찾아올 것이다.

즐거움을
찾아 나서라

꽃샘추위가 지난 뒤 봄꽃은 만발하고, 거센 장맛비가 내린 뒤 짙은 녹음이 드러나며, 눈이 내린 뒤 매화는 더욱 도도한 자태를 뽐내며 피어난다. 이처럼 세상 만물은 시련을 겪은 뒤 더욱 굳건하고 아름다워진다. 우리도 인생의 실패와 좌절 앞에서 쉽게 포기하지 말고 비 온 뒤의 아름다운 무지개를 기다릴 수 있어야 한다.

직장생활은 누구에게나 고되다. 매일 아침 식사도 제대로 못하고, 만원 버스에서 사람들에게 치이고, 상사에게 혼이 나기 일쑤다. 심지어 동료들은 모두 승진했는데 나만 몇 년째 제자리라니! 인생이 전혀 즐겁지 않다.

그런데 이것은 직장생활의 다른 즐거움은 찾으려 하지 않고 나를 괴롭히는 일에만 집중하기 때문이다. 즐거움은 가만히 있어도 저절로 찾아오는 것이 아니라 적극적으로 찾아 나설 때 발견할 수 있는 것이다.

미국 시애틀의 파이크 플레이스 피시마켓은 굉장히 특별한 곳이다. 사람들은 이곳에서 생선 사는 일이 매우 즐거운 경험이라고 말한다.

이곳의 상인들은 온종일 손님을 상대하는 일이 힘들 법도 한데 언제나 환한 미소를 띠고 있고 서커스 공연을 방불케 하는 생선 묘기로 손님들에게 즐거움을 선사한다.

위스콘신에서 온 관광객들이 연어 한 마리를 고르자 상인 하나가 연어를 곧장 뒤쪽에 있는 작업대로 던지며 말했다.

"이런, 생선이 위스콘신으로 날아가버렸네요."

그러자 작업대에 있던 상인이 능청스럽게 말했다.

"오, 생선이 위스콘신에서 도착했습니다."

그는 말이 끝나기 무섭게 포장한 생선을 손님들에게 내밀었다.

상인들의 재치 있는 입담과 퍼포먼스에 이곳을 찾는 사람들은 박장대소하며 환호한다. 파이크 플레이스 피시마켓은 어떻게 수많은 사람을 끌어모으게 되었을까?

한번은 이곳을 취재하러 온 기자가 상인들에게 물었다.

"사실 온종일 생선 냄새를 맡으며 일하려면 힘들 텐데, 어떻게 다들 이토록 즐겁게 일하는 거죠?"

그중 한 상인이 대답했다.

"몇 년 전 이곳은 파산 위기에 몰린 적이 있어요. 그때는 다들 온종일 불평하고 원망만 했죠. 그런데 그때 누군가가 제안했어요. 불평만 하지 말고 이곳에 뭔가 특별한 변화를 주자고 말이에요. 우리는 가게를 찾는 손님들에게 즐거움을 주는 것이 얼마나 중요한지 깨달았어요. 그래서 생선 파는 일을 하나의 예술이라고 생각하며 생선들이 날아다니는 '플라잉 피시' 묘기를 선보이게 되었죠. 우리는 어떤 손님이 찾아오든 그들의 안부를 묻고 신나는 묘기를 보여줘요. 이렇게 해서 상인들 스스로도 일하는 즐거움을 찾게 되었답니다."

석유왕 록펠러는 말했다.

"지금 하는 일을 재미로 여기면, 당신의 인생은 천국일 것이다. 반면, 하고 싶지 않지만 해야만 하는 의무로 여긴다면 당신의 인생은 지옥일 것이다."

사람 대부분은 직장생활을 단조롭고 재미없게 여긴다. 하지만 자신이 어떤 선택을 하느냐에 따라 일이 충분히 즐거울 수 있다. 즐거움을 느끼는 비결은 내가 좋아하는 일을 하는 것이 아니라 내가 하는 일을 좋아하는 데 있다. 일하는 즐거움은 우리가

긍정적인 마음가짐으로 찾으려고 노력할 때 비로소 느낄 수 있다.

마이크로소프트의 창업주 빌 게이츠는 말했다.

"어떤 일을 하찮게 생각하거나, 너무 일에만 집중하고 있으면 아무리 좋아하는 일을 하더라도 열정을 오래 유지하기 힘들다."

하고 있는 일에 열정이 없으면 그 속에서 즐거움을 찾기 어렵다.

일을 할 때 가장 피해야 할 태도는 불평하고 원망하는 것이다. 불평하지 않는다고 꼭 성공하리라는 법은 없지만 불평하기 시작하면 절대 성공하지 못한다. 이처럼 불평과 원망은 성공을 위협하는 악성 종양과 같아서 반드시 제거해야 할 대상이다.

작가이자 교육자인 데일 카네기는 말했다.

"즐거운 생각을 하면 즐거워지고, 괴로운 생각을 하면 괴로워진다. 무섭다고 생각하면 정말 무서워지고, 건강하지 않다고 생각하면 정말 몸에 병이 생긴다."

신은 한쪽 문을 닫을 때 다른 한쪽 문을 반드시 열어놓는다고 한다. 그러니 이미 닫힌 문을 붙든 채 원망하지 말고 서둘러 다른 한쪽 문을 찾자. 인생에 시련이 닥쳤을 때 원망하지 않고 긍정적인 마음으로 극복하려는 사람은 어둠 속에서도 금세 밝은 빛을 찾을 수 있다. 일할 때에도 괴로운 일만 생각하지 말고 그 속에서 즐거움을 찾으려고 노력한다면 아무리 힘든 일도 즐겁게 할 수 있다.

최선을 다하고
나머지는 운명에 맡겨라

　　아무리 불행한 인생이라고 해도 매일 그 불행을 짊어
지고 있을 필요는 없다. 중요한 건 마음의 짐을 벗어던지고 긍정
적인 마음가짐으로 매일을 살아가는 것이다.
　사람들은 불행한 일이 닥치면 자신이 세상에서 가장 불행하
다고 생각한다. 왜 나는 더 좋은 집안에서 태어나지 않았는지,
왜 나는 남들처럼 성공하지 못하는지, 왜 나는 남들처럼 좋은 집
도 좋은 차도 없는지…… 불평과 한탄은 끊이지 않는다. 하지만
주변을 조금만 유심히 살펴보면 나보다 훨씬 불행한 사람들이
많다는 걸 발견할 수 있다. 내가 가장 운이 좋은 건 아니지만 가
장 불행한 것도 아니라는 뜻이다. 이런 글이 있다.

매일 아침 눈을 뜰 때마다 우리는 살아 있음에 감사해야 한다. 매주 최소 100만 명의 사람들이 세상을 떠나는데 내가 아직 살아 있다는 것은 얼마나 큰 행운인가? 전 세계 약 5억 명의 사람이 전쟁과 기아 그리고 학대로 고통받고 있다. 만약 이런 고통에서 벗어났다면 당신은 5억 명보다 행복한 것이다.

종교의 자유가 있고 구속되거나 고문을 당하거나 심지어 사망하지 않았다면 당신은 30억 명보다 운이 좋은 것이다. 전 세계 약 70퍼센트의 사람들이 음식과 따뜻한 옷 그리고 편안하게 살 집이 없어 고생하고 있다. 만약 이러한 것들을 누리고 있다면 당신은 전 세계 70퍼센트의 사람들보다 행복한 것이다.

유엔 '세계식량계획'의 통계 결과에 따르면 전 세계 나라 중 36개 국가가 식량난에 처해 있으며 약 8억 명이 굶주림에 시달리고 있다. 특히 개발도상국에서는 20퍼센트 사람들이 기아에 시달리고 있고 아프리카에서는 식량 부족 때문에 어린이 중 1/3이 영양실조 상태다. 가장 가슴 아픈 건 매년 전 세계에서 600만 명 이상의 영유아가 굶주림을 견디지 못하고 세상을 떠난다는 것이다.

이러한 통계들을 보다 보면 자신이 얼마나 행복한 사람인지 깨닫게 될 것이다. 만약 지금 은행 계좌에 잔고가 있고 지갑에 어느 정도의 돈이 들어 있다면, 당신은 전 세계에서 겨우 8퍼센트밖에 되지 않는 행운아 중 한 명이다.

만약 부모님이 아직 살아 계시고, 두 분이 이혼하지 않으셨다면 당신은 보기 드문 행운을 누리고 있는 것이다.

만약 날마다 감사하는 마음으로 웃으며 살 수 있다면 당신은 정말 행복한 사람이다. 사람은 누구나 이렇게 살 수 있지만 대부분 알면서도 실천하지 못하기 때문이다. 만약 누군가가 실패하고 좌절했을 때 그에게 위로의 손길을 보내고 웃으며 안아줄 수 있다면 당신은 신에 버금가는 위로의 능력을 가진 것이다.

만약 지금 이 글을 읽고 있다면 당신은 행복한 사람이다. 왜냐하면 전 세계에서 20억 명 정도는 글을 읽지 못하기 때문이다.

자, 이제 당신이 얼마나 운이 좋은 사람인지 알겠는가?

선천적인 질병이나 출신 등은 우리가 선택할 수 있는 것들이 아니다. 그러나 어떤 마음으로 인생을 살아갈지는 충분히 선택할 수 있다. 우리는 살면서 자신이 얼마나 운 좋은 사람인지 잊으면 안 된다.

한 철학자가 말했다.

"젊은이들이여, 이 세상에는 죽음보다 더 큰일은 없다. 살아 있다면 그 자체로 굉장한 행운이다. 그러니 매일 최선을 다해 살아라. 자신의 인생을 바꿀 수 있는 사람은 오직 자기 자신뿐이다."

사람이 평균 70년을 산다면 내게 남은 시간은 얼마인가? 불과 몇십 년 후면 다시 흙으로 돌아갈 텐데, 남은 인생은 지금보다 더 멋지게 보내야 하지 않겠는가?

　살아 있는 동안 주어진 하루에 최선을 다하고 인생을 즐기며 살자. 최선을 다했다면 결과가 어떠하든 슬퍼하거나 원망하지 마라. 그렇게 달관한 마음을 가지면 평온히 살아갈 수 있을 것이다.

08

비교하지 않으면 괴로움도 없다

: 다른 사람의 세계에 살지 마라

비교는 모든 괴로움의 근원이다 | 사람은 비교하기 위해 살지 않는다 | 다른 사람의 기준으로 자기 자신을 평가하지 마라 | 체면이 그렇게 중요한가 | 허영심을 버리고 마음의 평정심을 유지하라 | 다른 사람의 비난과 비웃음이 때로는 성공의 동력이 된다 | 풀 한 포기도 대지에 생기를 불어넣을 수 있다 | 그 누구도 당신의 가치를 부정할 수 없다

비교는 모든 괴로움의
근원이다

'사람이 정말 필요한 재산은 고작 이만큼이고 나머지는 모두 과시하기 위한 것이다.'

이는 루쉰의 소설 《아큐정전》에 나오는 말이다. 사람은 끝없는 욕망을 움켜쥔 채 끊임없이 비교한다.

비교는 모든 괴로움의 근원이다. 자신의 단점과 타인의 장점을 놓고 끊임없이 비교한다면 자연히 열등감에 빠지기 마련이다.

건강한 사람은 아무리 좋은 체력을 갖고 있어도 행복한 줄 모르지만 심각한 병을 앓는 사람은 건강의 중요성을 누구보다 더 잘 알고 있다. 가난한 사람은 돈만 있으면 행복할 거라고 생각하

고, 돈 많은 사람은 돈보다 자유롭게 사는 것이 더 행복하다고 생각한다. 습관적으로 비교하는 사람들은 타인에게 있는 아름다움을 바라보느라 정작 자기 손안의 행복은 보지 못한다.

영국의 철학자 베이컨은 말했다.

"모든 악행은 허영심에서 시작되며, 모든 것은 허영심을 만족시키기 위한 수단에 불과하다."

사람들은 오직 자신의 체면을 위해 맹목적인 비교를 한다. 그러나 그러한 비교는 결국 인생의 방향을 잃게 만든다.

소 한 마리가 실수로 개구리 몇 마리를 밟아 죽였다. 그중 운 좋게 살아남은 개구리 한 마리가 엄마에게 달려가 거대한 괴물에게 밟혀 죽을 뻔한 이야기를 들려줬다.

"거대하다고?"

개구리 엄마가 몸을 잔뜩 부풀렸다.

"이렇게 크니?"

"아니요, 엄마. 그 거대한 괴물은 그것보다 훨씬 컸어요."

개구리 엄마가 큰 숨을 들이마시자 이번에는 아까보다 몸집이 더 커졌다.

"그럼 이만큼 크니?"

"엄마가 아무리 배가 터질 정도로 몸을 부풀려도 그 괴물의 절반도 안 될걸요?"

엄마 개구리는 몸을 공처럼 둥글게 부풀린 다음 말했다.

"이 정도면 그 괴물과 비슷하지 않니?"

말이 끝나기 무섭게 엄마 개구리는 배가 터져 죽고 말았다.

자신에 대한 이해가 부족한 상태에서 무조건 비교하다 보면 개구리처럼 비극적인 결말을 맞이하게 된다.

'눈은 매화보다 더 하얗지만, 눈에서는 매화의 향이 나지 않는다'라는 말처럼 사람은 각자 자기만의 장단점이 있다. 사계절 푸른 상록수에는 꽃이 피지 않고, 화려한 꽃은 열매를 맺지 못한다. 영원히 실패만 하는 사람은 없고 영원히 성공만 하는 사람도 없다.

맹목적인 비교는 마음의 균형을 잃게 한다. 다른 사람을 향한 관심을 줄이고 자기 자신에게 조금 더 집중하면 인생은 훨씬 행복해질 것이다. 다른 사람과 비교하는 것은 비겁한 일이다. 자기 자신과 비교하는 사람이야말로 진짜 영웅이다.

246

세상 사람들은 저마다 맡은 역할이 다르다. 그러므로 다른 사람들과 맹목적으로 비교하는 것은 불필요한 괴로움을 초래하고 자아를 잃게 만든다.

사람마다 태어나고 자란 배경이 다르기 때문에 차이가 생기는 것은 당연하다. 다른 사람들과의 비교를 통해 자신의 능력을 업그레이드한다면 비교도 때로는 좋은 일이 될 수 있다. 그러나 자신에게 있는 장점은 보지 못하고 단점만 찾아내 끊임없이 불평하고 원망한다면 비교는 절대로 유익하지 않다.

사람은 자기 자신에 대해 누구보다 정확히 알아야 한다. 자신이 잘하는 것은 무엇이고, 부족한 점은 무엇인지 알아내자. 이를 통해 장점은 살리고 단점은 보완해간다면 맹목적인 비교로 자신을 괴롭게 하는 일은 없을 것이다.

우리는 마음속에 공정한 객관적 잣대를 두어 남들과 비교하지 않고 자기 자신의 역할에 충실한 삶을 살아야 한다.

사람은 비교하기 위해
살지 않는다

　습관적으로 타인과 비교하는 사람들은 자기보다 고위직 혹은 고연봉자를 만나면 금세 의기소침해지고 세상이 불공평하다며 투덜댄다. 그들은 언제나 타인을 기준으로 자신을 평가하기 때문에 자기 자신의 올바른 이해 없이 스스로 괴로움에 빠진다.

　맹목적인 비교는 자신을 괴롭게 할 뿐이다. 인생이 불공평하다고 원망하는 것은 자신의 인생을 다른 사람 손에 맡기는 것과 다름이 없다.

　인생을 살다 보면 누구나 크고 작은 시련과 좌절을 경험한다. 그런데 시련이 닥칠 때마다 자신이 가장 고통스럽고 불행하다고 생각하는 이들은 더 큰 재난이 닥치고 나서야 그때의 그 시련이 사실은 아무것도 아니었음을 깨닫는다.

사람은 자신의 분수를 알고 만족할 줄 알아야 한다. 자기보다 우월한 사람들에게만 초점이 맞춰져 있으면 자신이 무엇을 가졌는지 보지 못한다. 정말로 행복한 사람은 많은 것을 가져서가 아니라 자신이 가진 것에 만족할 줄 아는 사람이다. 종일 불평불만을 늘어놓는 사람들은 정말로 찢어지게 가난해서가 아니라 대부분 자기보다 부유하고 성공한 사람들에게 초점이 맞춰져 있기 때문이다.

사람들이 불평하고 원망하는 까닭은 세상에 그토록 힘들고 고통스럽게 사는 이가 있음을 모르기 때문이다.

자신의 욕망을 채우려고만 하지 말고 우리가 가진 것, 특히 부모님이 주신 소중한 생명에 감사하는 마음을 가져야 한다. 위기가 닥쳤지만 아직 최악의 상황에 이르지 않았다면, 최소한 최악의 상황을 경험한 이들보다는 행복한 것이니 감사해야 한다.

플라톤은 말했다.

"사람은 좌절을 하나씩 극복할 때마다 자아가 성장한다."

사람이 역경 속에서도 자신의 신념을 지키고 절대 포기하지 않는 용기를 가진다면 시련과 좌절은 인생의 귀중한 자산이 될 수 있다.

영국의 작가 존 크리시는 젊은 시절 무려 743편의 원고를 출판사에 보냈지만 모두 거절당했다. 하지만 그는 전혀 위축되거나 포기하지 않았다. 그에게 있을 수 있는 최악의 결과라고 해봐야 원고를 또 다시 거절당하는 것인데, 그동안 수없이 거절당했으니 너 이상 두려울 게 없었던 것이다. 그는 여기서 그만둔다면 그동안의 노력과 고생이 무의미해진다는 걸 알고 있었다. 그리고 계속 노력해서 언젠가 성공한다면 거절당한 원고들까지도 가치를 인정받게 되리라는 사실도 알고 있었다. 이런 마음가짐으로 끝까지 노력한 결과, 그는 훗날 작가로서 큰 성공을 거뒀다.

내면이 강한 사람은 시련이 닥쳤다고 해서 발걸음을 멈추지 않는다. 시련을 받아들이지 못한 채 인생이 불공평하다고 원망만 하고 있는 사람에게는 행복이 찾아오지 않는다. 불평과 원망은 아무런 힘이 없다. 오직 끊임없이 노력하는 사람만이 진정한 행복을 누릴 수 있다.

다른 사람의 기준으로
자기 자신을 평가하지 마라

오늘날 사람들의 생활은 훨씬 풍요로워졌지만, 불행하다고 느끼는 이가 더 많아졌다. 이는 여전히 타인과 비교하는 것을 좋아하기 때문이다. 비교해서 부족한 것이 많은 사람들은 마음속에 시기와 질투가 가득하다. 많이 가진 사람들 또한 잘 만족할 줄 모른다. 물질만능주의 시대에 사람들의 탐욕은 점점 더 커지고 있다. 그러나 돈과 물질을 중요시할수록 만족하기 어렵고 심리적으로 더 약해질 뿐이다.

체면을 조금만 버리면 훨씬 행복하게 살 수 있다. 체면은 일종의 표면적 존엄일 뿐이고 지나치게 체면을 중시하는 것은 심리적으로 취약하다는 방증이다. 체면은 그저 허영일 뿐이고 한 사

람의 소박한 행복과 즐거움을 방해하는 가장 큰 장애물이기도
하다.

체면을 중시하는 사람 대부분은 자신감이 부족하다. 그들은
타인의 기준에 맞춰 살며 그 사람의 행복이 자신의 행복이며, 그
사람의 고통이 자신의 고통이라고 생각한다. 그들의 유일한 목
표는 남보다 잘사는 것이다. 하지만 자신감 있는 사람들은 애써
허영을 부리지 않아도 자신의 가치를 발견할 줄 안다.

허영심이 많은 사람은 뭐든 남보다 조금 더 높아야 직성이 풀
린다. 자식은 남보다 성적이 더 좋아야 하고, 남보다 칭찬을 더
많이 받아야 하며, 남보다 더 좋은 대학에 가야 하고, 남보다 더
좋은 직장에 들어가야 한다. 배우자는 남보다 직책이 더 높아야
하고, 남보다 월급이 많아야 하며, 남보다 승진이 빠르고 실적도
좋아야 한다. 집은 남보다 더 커야 하고, 남보다 인테리어가 화
려해야 하며, 남보다 좋은 위치에 있어야 한다. 이러한 것들을
모두 실현하려면 실로 엄청난 노력이 필요하다. 하지만 이 모든
것을 실현했다고 해서 비교가 끝나는 것은 아니다. 하나의 비교
가 끝나면 또 다른 하나가 시작되기 마련이다. 이렇게 맹목적인
비교를 하다 보면 마음은 계속 조급해지고 끊임없는 경쟁으로
말미암아 인생은 점점 더 피곤해진다.

모파강의 〈목걸이〉에서 마틸드의 허영심은 자기 인생을 비극

으로 몰아넣었다. 그녀는 고작 몇 시간의 허영을 누린 대가로 무려 10년의 행복을 포기해야 했다.

다른 사람을 기준으로 자신을 평가하는 것은 매우 슬픈 일이다. 인생은 생각보다 길지 않은데 왜 그 소중한 시간을 온전히 자신을 위해 살지 않고 타인에게 잘 보이기 위해 애쓰는 걸까? 사람의 가치는 그 사람의 진짜 실력으로 결정되는 것이지, 보이는 것만으로 결정되는 게 아니다.

전 프랑스 총리 알랭 쥐페가 어떤 지역에 시찰을 나갔을 때 그는 시장에서 받은 비닐봉지를 직접 손에 들고 인터뷰를 했다. 인터뷰 내내 그의 손에는 비닐봉지가 들려 있었지만 신사답지 못하다거나 처량해 보인다고 말하는 사람은 아무도 없었다. 오히려 그의 검소한 성품에 모두 감탄했다.

사람들은 하루빨리 성공하고 부자가 되어서 남들에게 자신이 가진 부를 자랑하고 싶어 한다. 하지만 진짜 성공한 사람들 중에는 놀라울 만큼 소박하고 평범하게 사는 이가 더 많다.

자동차왕 헨리 포드가 영국에 갔을 때의 일이다. 그는 공항 안내 데스크를 찾아가 근처에 가장 저렴한 호텔이 어디냐고 물었다. 안내 직원은 세계적인 부호 헨리 포드의 얼굴을 곧바로 알아봤다. 안내 직원이 말했다.

"제가 잘못 본 것이 아니라면 당신은 헤리 포드가 맞죠? 어제 신문에서 사진을 봤습니다."

헨리 포드가 대답했다.

"그렇소."

안내 직원이 의아한 표정으로 말했다.

"그런데 당신은 가장 저렴한 호텔을 찾고 있군요. 예전에 당신 아들은 이곳을 찾아와 가장 비싸고 좋은 호텔이 어디인지 물었습니다. 그때 그분은 아주 값비싼 옷을 입고 있었죠."

헨리 포드가 말했다.

"내 아들은 원래 자신을 과시하기 좋아하는 사람이라 그러오. 하지만 나는 그런 좋은 호텔에서 묵을 필요가 없소. 어디에서 묵든 내가 헨리 포드라는 사실은 변함이 없으니까. 그리고 이 외투는 내 아버지가 물려준 것이라오. 낡고 오래되었지만 나는 새 옷이 필요 없어요. 무엇을 입고 있든 나는 헨리 포드니까. 설령 아무것도 입고 있지 않다고 해도 헨리 포드라는 사실은 바뀌지 않을 것이오."

평소 자신의 부를 과시하면서 자기가 누구인지 알아봐주길 바라는 사람들이 있다. 그들은 틈만 나면 목소리를 높여 자기 자랑을 하고 사방에 명함을 뿌린다. 이것은 모두 허영심의 표출일 뿐이다. 가진 것이 많아도 겉모습을 꾸미는 데 집착하지 않고 자신의 본성에 충실한 사람이야말로 진짜 겸손한 이다.

좋은 마음가짐을 가지고 있으면 어떤 일이 생기든 좋은 쪽으로 생각할 수 있다. 행복은 주관적 감정이므로 내가 행복하다고 생각하면 정말 행복해질 수 있다. 반대로 남들의 눈에 아무리 화려하게 보여도 스스로 행복하다고 느끼지 못하면 절대 행복해질 수 없다.

사람은 저마다 살아가는 방법이 다르므로 행복을 느끼는 방식도 다르다. 가장 중요한 것은 인생에서 정말로 원하는 게 무엇인지 아는 일이다. 그것을 알지 못한 채 남들과 끝없이 비교하면서 욕망을 채우려고 한다면 영원히 행복해질 수 없다.

체면이 그렇게
중요한가

　　사람들은 특히 체면을 중요하게 생각하며 무슨 일을
하든 체면을 가장 먼저 떠올린다. 예컨대 세상의 수많은 부모는
자식이 가문을 빛낼 수만 있다면 자신이 어떤 고생을 하든 상관
하지 않는다. 왜냐하면 고생할지언정 자식이 성공해 남들 앞에서
자신의 체면을 세워주는 것이 더 중요하기 때문이다.
　적당히 체면을 세우는 것은 정상적이고 건강한 심리 상태다.
체면은 자신에 대한 사랑과 존엄을 보여주는 방식인데, 이로써
더욱 강한 자아를 갖게 된다. 반면, 체면을 전혀 중시하지 않는
다는 것은 모든 것을 될 대로 되라는 식으로 내버려두고 포기해
버린 것이나 마찬가지다. 이 심리 상태는 절대 건강하다고 볼 수

없다.

그러나 체면을 지나치게 중시하는 사람은 체면이라는 가면 때문에 스스로 족쇄를 채워 괴로움을 자처한다. 사실 체면을 중시하는 것은 자신이 아니라 다른 사람을 위해 사는 것이며 들어가는 비용에 비해 돌아오는 보상은 적은 고위험 투자이기도 하다.

세상이 변했는데도 우리 주변에는 여전히 체면에 목숨을 거는 이가 너무나 많다. 어떤 사람들은 자신의 허영심을 채우기 위해 어떤 대가든 치르려고 한다. 그러나 투자한 시간과 노력에 비해 체면이 서 있는 시간은 굉장히 짧다. 심지어 어떤 사람들은 잠깐의 체면을 위해 위법 행위마저도 서슴지 않는데, 결국 감당할 수 없을 만큼 일을 크게 만들기도 한다. 이러한 인생은 피곤할 뿐만 아니라 자신에게 실질적으로도 도움 되지 않는다. 그런데도 체면이 그렇게 중요한 것일까?

체면은 사람을 완벽하게 만들기도 하지만 사람에게 해를 끼치기도 한다.

여자 친구 앞에서 체면을 세우기 좋아하는 남자들은 없는 돈을 빌려서까지 돈 있는 행세를 한다. 그러나 결국 자신의 경제 능력을 초과한 소비 때문에 남자의 인생은 점점 타락한다. 배움 앞에서 체면을 중시하는 사람은 모르는 내용이 있어도 다른 사람에게 물어보지 않고 아는 척을 한다. 하지만 그렇게 쌓은 불완전한 지식으로는 절대 큰일을 할 수 없다. 죽어도 체면을 세우는 일이 먼저인 사람들은 종종 가정 파탄의 원인이 되기도 한다.

대개 체면은 허영심의 표출일 뿐이다. 체면을 너무 신경 쓰지 않는 것도 문제지만 지나치게 신경을 쓰는 사람은 인생이 피곤하고 큰 손해를 입기 쉽다. 그러니 체면을 객관적인 시선으로 바라보고 정상적인 건강한 범위 내에서 내세울 줄 알아야 한다.

어떤 사람은 체면과 자존심을 동일시한다. 그러나 이러한 생각은 인생을 크고 작은 괴로움에 빠뜨린다. 체면은 인생에서 중요한 부분이기는 하지만 체면에 너무 많은 투자를 할 필요는 없다. 체면도 자신에게 맞는 수준을 지키는 것이 중요하다.

허영심을 버리고
마음의 평정심을 유지하라

　　어떤 사람들은 언제 어디서나 남들보다 조금이라도 더 잘나 보이려고 부단히 애쓴다. 이건 모두 체면을 지나치게 중시하는 허영심의 표출이다. 허영심이 많은 사람은 얕은 수로 다른 사람을 속일 수 있을 거라는 착각 속에 산다. 그러나 결국 속아 넘어가는 건 자기 자신이고, 스스로 괴로움에 빠질 뿐이다.

　　또한 내 인생이 남들보다 조금 더 낫다고 해서 잘난 체하거나 체면을 세우려고 하면 다른 사람에게 미움을 사고 도리어 창피를 당하게 된다. 그러니 체면을 세워야 한다는 마음의 압박을 버리자.

　　인생은 자유로운 마음을 가지고 온전한 자기 자신의 모습으로 살아가는 데 의의가 있다. 자신의 가장 진실한 모습으로 살아간다면 일상의 작은 일에도 감동하고 달콤한 행복을 느낄 수 있다.

 살다 보면 일이 잘 풀릴 때도 있고 뜻대로 잘 풀리지 않을 때도 있다. 하지만 이럴 때나 저럴 때나 늘 한결같은 마음을 유지해야 한다. 다시 말해 성공 후에 기세등등하지 않고 실패 후에 의기소침해 있지도 말라는 뜻이다. 영욕에 지나치게 집착하다 보면 인생이 괴로워지는 법이다.

 위대한 성공을 이룬 사람들은 대부분 자신의 허영심을 채우거나 체면을 세우는 대신 절제하고 평정심을 유지하기 위해 노력했다.

중국 송나라 태조 조광윤이 황제에 즉위한 후 소경 공주와 함께 담소를 나누었다. 공주가 조광윤에게 말했다.

"아바마마, 한 나라의 황제가 타고 다니는 가마가 너무 소박한 것 같습니다. 조금 더 화려하게 장식하는 것이 어떠세요? 그래야 백성들도 황제의 위엄을 알지 않겠습니까?"

조광윤이 무거운 목소리로 말했다.

"나는 이 나라의 황제로서 백성들을 대신해 나라의 모든 재산을 관리하고 지켜낼 책임이 있단다. 그런데 어떻게 그것을 내 마음대로 낭비하겠느냐? 나 한 사람의 부귀영화를 위해 재물을 다 써버린다면 백성들은 이 나라에 무슨 희망을 품겠느냐? 게다가 나의 선조들에 비해 나는 한없이 부족한 황제다. 선조들의 검소하고 소박한 정신을 본받기는커녕 내 가마를 화려하게 장식하는 것이 말이 되겠느냐? 이 나라와 백성들을 부강하게 하는 것이 바로 내 위엄을 알리는 것이다."

현대 사회는 확실히 물질적으로 풍요롭다. 적절한 수준에서 그 풍요를 누리는 것은 괜찮다. 하지만 자신의 허영심을 만족시키기 위한 낭비는 경계해야 한다.

지나친 허영심을 해소하는 방법은 이를 성취욕으로 바꾸는 것이다. 특히 체면을 중시하고 허영심이 생기기 쉬운 사람이 리더 자리에 있다면 자신의 허영심을 만족시키기 위한 일이 아닌, 조직 발전을 위한 일이 무엇인지 고민해봐야 할 것이다.

다른 사람의 비난과 비웃음이
때로는 성공의 동력이 된다

비교하기 좋아하는 사람은 타인의 이목을 굉장히 중요하게 생각한다. 그래서 무슨 일을 하든 무조건 다른 사람보다 조금 더 잘해서 그들이 올려다보게 하려고 든다. 이들은 또한 의심이 많아서 사람들이 늘 자기에 대해 이러쿵저러쿵 떠들어댈 거라고 생각한다. 그러나 그들이 뭐라고 떠들어대든 그게 무슨 상관인가? 설령 비난하고 비웃는다 한들 그게 무슨 상관인가? 다른 사람들의 비난과 비웃음을 자신에게 울리는 경종이라 생각한다면 시행착오와 실수를 줄이게 되니 차라리 좋은 일이다.

당사자보다 방관자가 더 명확히 볼 수 있다는 말이 있다. 바둑을 둘 때도 옆에서 구경하는 사람이 더 좋은 수를 발견하기도 한다. 타인의 의견이나 비판을 받아들이지 못하는 이는 더 멀리 나갈 수 없다. 인생에서 조금 더 멀리 나아가고 싶다면 다른 사람의 비난도 겸허히 받아들일 수 있어야 한다. 이처럼 누군가의 비판과 비웃음까지도 받아들이고 자신을 반성하는 것은 굉장히 성숙한 태도다.

부족한 점을 지적해주고 필요한 경우 혹독한 비난도 서슴지 않는 친구가 진정한 친구다. 이러한 비난이 때로는 성공의 동력이 되기도 한다. 물론 누군가의 쓴소리가 듣기에 거북하고 기분 나쁠 수도 있지만, 자세히 들여다보면 모두 틀린 이야기는 아니라는 걸 깨닫게 된다.

긍정적인 마음가짐으로 비판과 비웃음을 받아들인다면 이것을 동력으로 삼아 더 빠르게 나아갈 수 있다. 얽매여 있던 생각의 틀에서 벗어나 자신의 부족한 점을 겸허히 받아들여보자. 이러한 자세가 향후 인생에 분명 큰 도움이 될 것이다.

풀 한 포기도 대지에
생기를 불어넣을 수 있다

모든 사람은 이 사회에서 각자 자신에게 적합한 임무를 수행하고 있다. 그런데 만약 자기에게 적합하지 않은 임무를 수행해야 한다면 효율도 성과도 모두 떨어지고 만다.

까마귀 한 마리가 높은 하늘을 나는 독수리를 부러운 눈으로 바라봤다. 까마귀는 독수리처럼 높은 곳에서 급강하해 새끼 양을 낚아채고 다시 멋지게 날아가는 상상을 했다. 그날 이후 까마귀는 매일 독수리처럼 날고 먹이를 낚아채는 연습을 했다. 어느 날 이제 연습은 이만하면 충분하다고 생각한 까마귀는 높은 나무에 올라갔다. 그리고 거침없이 하강하여 새끼 양의 등을 덥석 물었다. 이제 독수리처럼 멋지게 위로 날아오르기만 하면 되었다. 그러나 까마귀는 양을 들어 올리지 못했고 다시 날아오르려고 했지만 발톱이 양의 털과 엉켜 꼼짝도 할 수 없었다. 그때 저 멀리서 양치기가 이 모습을 보고 달려와 까마귀를 붙잡았다. 까마귀는 독수리처럼 새끼 양을 잡는 데 실패했을 뿐만 아니라 양치기의 손에 잡혀 목숨까지 위험한 신세가 되었다. 이는 자신의 능력은 생각하지 않고 무리한 도전을 했기 때문이다.

하늘에서 급강하해 새끼 양을 낚아채는 것은 독수리처럼 큰 새들만이 할 수 있는 일이다. 그러나 까마귀는 자신이 독수리처럼 될 수 있다는 황당한 꿈을 꿨다. 혹시 당신도 이 까마귀처럼 누군가의 모습을 맹목적으로 모방하려고 한 적이 있지 않은가?

옷이나 신발을 살 때는 자신에게 잘 맞는 사이즈를 골라야 한다. 아무리 비싸고 좋은 옷이라도 나에게 맞지 않으면 결국 그 가치를 전혀 발휘하지 못하기 마련이다. 자신에게 맞지 않는 길을 가는 것은 맞지 않는 신발을 신고 길을 걷는 것처럼 힘들고 피곤한 일이다.

잘 맞는다는 건 중요한 문제다. 연애와 결혼도 나와 잘 맞는 상대를 골라야 하고, 사업할 때도 나와 잘 맞는 일을 선택해야 하며, 인생의 방향도 나와 잘 맞는 쪽을 선택해야 시행착오를 줄일 수 있다.

때로는 나에게 잘 맞는 일을 주변 사람들이 이해해주지 못하고 심하게 반대할 수도 있다. 그러나 나와 정말 잘 맞는 일이라고 생각한다면 끝까지 포기하지 말아야 한다. 포기하지 않고 계속해야만 나의 선택이 옳았음을 증명할 수 있다. 그러나 주변에서 인정해주지 않는다고 포기해버리면 아무것도 이루지 못한 채 큰 후회만 남기게 된다.

내 인생을 책임질 사람은 오직 나뿐이다. 아무리 가까운 사람이라도 나의 선택에 대한 대가를 대신 치러줄 수 없다. 그러니 어떤 선택을 할 때는 다른 사람의 의견을 듣는 것도 중요하지만 먼저 그것이 자신에게 잘 맞는 일인지를 살펴야 한다.

정부기관에서 몇 년째 일하던 한 지인이 공무원 신분을 버리고 작은 가게를 차렸다. 그의 결정에 주변에서는 다들 깜짝 놀랐고, 가족들은 심하게 반대했다. 심지어 그의 아버지는 부자지간의 연을 끊자는 말까지 했다. 그는 아버지에게 말했다.

"매일 똑같은 일을 반복하고, 매달 똑같은 월급을 받는 인생은 너무 재미없어요. 이제는 정말 하고 싶은 일에 도전해보고 싶어요. 실패해도 상관없어요. 저는 아직 젊으니까요."

아버지는 어쩔 수 없이 그의 결정에 따르기로 했다.

그 후로 몇 년 동안 많은 우여곡절이 있었지만, 그는 조금씩 자리를 잡기 시작했다. 처음에는 반대하던 아버지도 그 모습을 보고 적극적으로 응원했다.

다른 사람에게 잘 맞는 일이 내게도 반드시 잘 맞으리라는 법은 없다. 아무리 좋은 일도 나와 맞지 않으면 억지로 강요해서는 안 된다. 가장 좋은 일은 나와 잘 맞는 일이고 그런 일을 해야만 훨씬 더 많은 성과를 낼 수 있다.

밤하늘의 작은 별도 밝은 달만큼이나 밤하늘을 밝게 비출 수 있고, 풀 한 포기도 큰 나무만큼이나 대지에 생기를 불어넣을 수 있다. 그 어떤 씨앗도 자신에게 적합한 땅을 찾기만 한다면 싹을 틔우고 열매를 맺을 수 있다.

그 누구도 당신의 가치를
부정할 수 없다

　　우리는 타인의 시선을 의식하는 것에 익숙하고 그들의 시선에 부응하기 위해 멋지게 꾸미곤 한다. 자신의 능력이 타인의 인정을 받으면 자긍심이 높아진다. 그러나 반대로 사람들이 자신의 능력을 의심하고 무시하면 자신감을 잃고 의기소침해진다.

　"네 힘으로는 이 일을 끝낼 수 없어."

　"너는 경험이 부족해서 안 돼. 계속해도 헛수고일 뿐이야."

　"너는 이 일과 잘 맞지 않아."

　"미안해. 너와의 미래에는 희망이 안 보여."

　사방에서 이와 같은 부정적 의견들이 쏟아지면 순간 어찌할

바를 몰라 우왕좌왕한다. 자기 자신에 대한 방어선은 계속 무너지고 심지어 나중에는 자신의 능력과 매력을 의심하게 된다. 급격히 소심해지고 자신감을 잃는 것이다.

사람들은 심리적으로 불안할 때 타인의 칭찬과 격려를 통해 용기를 얻으려고 한다. 하지만 이것은 너무 순진한 생각이다. 방관자들은 저마다의 색안경을 끼고 있기에 그들에게 자신의 진면목을 알아봐주기를 기대하는 것은 어렵다. 자신의 진짜 능력을 이해하고 긍정해줄 사람은 나 자신뿐이다.

타인의 성공과 행복을 보면서 나는 절대 저렇게 될 수 없으리라고 부정하는 것은 스스로 자신감을 깎아내리고 성공의 기회를 저버리는 것이나 마찬가지다. 생각해보라. 자기 자신조차 응원하지 못하는 사람이 어떻게 다른 사람의 응원을 기대하겠는가. 하버드대학교의 한 심리학 교수는 사람이 자신의 고유한 가치를 받아들이지 못하면 잠재력과 능력을 키울 수 없다고 말했다.

거듭 명심하라. 이 세상에서 자신의 가치를 진심으로 인정해줄 사람은 자기 자신밖에 없다.

가난한 시골 마을에서 태어난 여성이 있었다. 그녀는 날 때부터 손이 한쪽밖에 없었고 소아마비를 앓아 왼쪽 다리를 절었다. 아버지는 그녀가 다섯 살 때 세상을 떠나고 어머니는 정신지체를 앓고 있었다.

그녀가 열아홉 살 때 어머니는 행방불명되었고 그녀는 마을 사람들의 도움을 받아 겨우 고등학교를 졸업했다. 그녀는 한 대학교로부터 입학 통지서를 받았지만 대학등록금이 없어 진학을 포기할 수밖에 없었다. 그동안 마을 사람들에게 신세를 많이 져 더이상 손을 벌릴 수도 없었다. 마을 사람들도 그녀가 대학교를 졸업한들 제대로 된 일자리를 구할 수 없을 거라 생각했다.

그녀는 어려서부터 노래 부르는 것을 좋아했는데, 산에서 양을 칠 때면 늘 노래를 불렀다. 그녀의 목소리는 그 누구보다 맑고 청아했다. 하지만 마을 사람들은 그녀가 전문적인 훈련을 받은 적도 없고 신체 결함이 있기 때문에 노래로 무언가를 해보려는 것은 터무니없다고 생각했다. 그녀는 마을 사람들이 뒤에서 하는 이야기를 모두 들었지만 그런 말들 때문에 노래 부르는 것을 그만두지는 않았다.

마을 사람들은 모두 그녀의 미래를 비관적으로 예상했다. 하지만 그녀는 그들의 걱정과 우려를 뒤로하고 목발을 짚은 채 산길을 걸어 일자리를 찾아 떠났다. 그녀는 사흘 밤낮을 걸으면서 계속 스스로에게 용기를 심어줬다.

예상했던 대로 도시에서 일자리를 찾기란 결코 쉽지 않았다. 그녀는 결국 구두 닦는 일을 시작했다. 그녀는 사람들의 구두를 닦아주면서 그들이 듣고 싶어 하는 노래를 불러줬고 모두들 아름다운 노랫소리에 기분이 좋아져서 돌아갔다. 그녀는 자신이 평생 가수가 될 수는 없겠지만 자신의 목소리로 사람들을 즐겁게 해줄 수 있다는 생각에 뿌듯함을 느꼈다.

그녀에 대한 소문은 계속 사람들의 입을 타고 퍼져 나갔고 지역 신문에 보도되기도 했다. 그 이후로 구두를 닦으러 오는 사람은 점점 더 많아졌고 멀리서 그녀를 보기 위해 찾아오는 사람도 있었다. 어느 날 휴대전화 컬러링 다운로드 사이트를 운영하는 사람이 찾아와 그녀의 목소리로 컬러링을 녹음하자며 전속 계약을 제안했다.

그 후 그녀는 자신의 고운 목소리를 이용하여 일을 할 수 있었고 그녀가 녹음한 음악들은 사람들에게 큰 인기를 끌었다.

그녀는 주변 사람들의 걱정과 우려에도 포기하지 않았고, 신체적 장애가 있음에도 자신의 능력을 의심하지 않았다.

사람들은 시련이 닥치면 능력의 한계가 왔다고 생각해 주저 않는다. 하지만 이럴 때 자신에게 자신감을 조금만 실어주면 눈앞에 있는 성공과 행복을 발견할 수 있다. 자신감과 긍정적 마음가짐은 인생의 파도를 무사히 넘게 해주는 돛이나 다름없으며 돛이 제대로 서 있어야 무사히 해안에 다다를 수 있다.

타인이 당신의 능력을 의심한다고 해서 위축되거나 물러설 필요는 없다. 스스로 자신감과 긍정적인 마음가짐을 갖지 못하면 하늘에 떠 있는 구름처럼 바람이 불 때마다 이리저리 떠다니게 될 것이다.

이 세상에서 당신의 가치를 부정할 자격을 가진 사람은 오직 당신뿐이다. 만약 자기 자신을 스스로 포기해버리면 그 순간 행복은 떠나버린다. 그러니 늘 이 말을 기억하며 스스로에게 힘을 실어줘야 한다.

'나는 할 수 있다. 오늘 할 수 없다면 내일 반드시 해낼 것이다!'

09   원하는 것이 많을수록 잃는 것도 많다

: 탐욕은 영원히 채워지지 않는 밑 빠진 독이다

탐욕은 원하는 것을 얻지 못했을 때 생겨난다 | 완벽을 추구하다 보면 진짜 아름다운 것을 놓친다 | 지나친 욕망을 통제하라 | 허영심은 물질적인 탐욕보다 위험하다 | 선택의 여지가 많을수록 괴로움이 커진다 | 멈춰야 할 때를 알아야 한다

탐욕은 원하는 것을
얻지 못했을 때 생겨난다

사람이 탐욕스러워지는 이유는 무엇일까? 원하는 건 많은데 그것들을 다 얻지 못하기 때문이다. 다른 사람에게 있는 것이 내게는 없고, 있어도 부족하게만 느껴진다. 그래서 이미 차고 넘칠 만큼 가졌지만 계속 욕심을 부리는 것이다. 탐욕스러운 사람은 인색하며 더 많이 가질수록 다른 사람들과 조금도 나누려고 하지 않는다. 그들은 다른 사람들의 어려움에 냉담하게 반응하고 심지어 누군가의 생존 기회를 빼앗기도 한다.

탐욕스러운 사람은 영원히 만족을 모른다. 만약 그들에게 탐욕을 부릴수록 얻지 못하고, 많이 얻을수록 더 많이 잃는다는 사실을 알려주면 절대 믿으려고 하지 않을 것이다.

탐욕은 밑 빠진 독에 물을 붓는 것과 같아서 영원히 채워지지 않는다. 그러니 애초에 그것을 채우려는 마음을 버리는 것이 낫다. 자신이 필요한 만큼만 가지고 그 이상의 것은 욕심내지 않아야 한다. 필요 이상의 것은 살아가는 데 짐이 될 뿐이고 나중에는 골칫덩어리가 된다.

소유와 행복은 정비례하지 않는다. 다시 말해, 더 많은 것을 가졌다고 인생이 더 만족스러워지는 것은 아니다. 살면서 욕망을 만족시키는 것은 중요하지만 그보다 더 중요한 건 그 욕망을 제어하는 일이다. 올바로 제어하지 못하면 인생은 욕망의 파도에 빠져 계속 허우적거리게 될 것이다.

한 아이가 손에 사과 한 알을 들고 마당에서 놀고 있다. 그 사과는 엄마가 시장에서 사 온 사과들 중 가장 크고 예뻤다. 아이는 사과가 아까워 먹지 못한 채 계속 손에 들고 있었다.
잠시 후 옆집 아이가 엄마 손을 잡고 걸어가는 모습이 보였다. 그런데 옆집 아이의 손에는 더 크고 더 빨간 사과가 들려 있었다. 아이는 자기 손에 있는 사과는 던져버리고 엄마에게 달려갔다.
"엄마 쟤 것보다 더 크고, 더 빨간 사과로 사주세요!"
엄마가 말했다.
"하지만 나중에 그거보다 더 크고 더 빨간 사과를 발견하면 어떻게 할 거니? 그때도 또 사달라고 할 거니?"

사람들이 인생에 만족하지 못하는 까닭은 비교 때문이다. 타인과의 맹목적인 비교는 심리적 불균형을 초래한다.

인간의 탐욕은 그 사람이 가진 재산과 지위 그리고 재능을 무참히 파괴하는 원흉이다. 살면서 얼마나 많은 부와 명예를 쌓았든 만족할 줄 모르고 자꾸만 더 손에 넣으려 한다면 결국 그동안 쌓은 것보다 더 많은 걸 잃을 것이다.

심리학에서는 사람이 무언가를 얻으려고 노력할수록 그것을 더 얻기 힘들어진다고 말한다. 무언가를 반드시 손에 넣어야겠다고 결심한 순간부터 조급증의 심리적 압박이 증가하면서 생각지도 못한 손실이 발생하기 때문이다.

그렇다면 탐욕을 억제할 방법으로는 어떤 것이 있을까? 탐욕을 억제하려면 먼저 적당한 때에 그치는 법을 알아야 한다. 과유불급이라는 말도 있지 않은가!

《노자》에 이런 문장이 나온다.

'굳게 잡아서 가득 채우는 것은 채우기를 그만두는 것보다 못하다. 다듬어서 날카롭게 하면 길이 보전할 수 없고 금은 보화가 방에 가득하면 지킬 수가 없다. 부귀하면서 교만하면 스스로 허물을 남기는 것이니, 공을 이룬 뒤에는 자리에서 물러나는 것이 하늘의 도다.'

이 말인즉슨 사람이 자연의 법칙을 이해하고 본성을 잃지 않으며 현실을 직시할 수 있으면 언제나 만족하고 즐거우나, 물욕에 취하고 끝없이 탐욕을 채우려고만 한다면 인생은 고통을 벗어나지 못할 것이라는 의미다. 번뇌와 고통에서 벗어날 유일한 방법은 욕심을 버리고 마음을 깨끗이 하는 것이다. '탐욕보다 더 큰 화는 없고, 지족(知足)하는 것보다 더 큰 복은 없다'라는 말을 기억하고 욕심내지 말아야 할 것에는 마음을 두지 않아야 한다.

사람은 어떤 일을 하든 적당한 때에 그칠 줄 알아야 한다. 특히 주식 투자를 하는 사람들은 이 말을 꼭 명심해야 한다.

살면서 많이 가진 사람을 부러워하지 말고, 갖지 못한 사람을 비웃어서도 안 된다. 사람은 저마다 가진 것과 갖지 못한 것이 다르다. 내게 없는 것이 다른 사람에게 있을 수 있고, 내게 있는 것이 다른 사람에게는 없을 수도 있다. 그런데도 계속 다른 사람의 손에 있는 것까지 가지려고 애쓴다. 그것을 가질 능력도 없고, 손에 넣어봤자 쓸모없는 것인데도 말이다. 중요한 건 그러는 동안 원래 내가 가지고 있던 소중한 것들을 놓치게 된다는 점이다. 한 번 내 손을 떠난 것들은 다시 찾기 힘들다.

지혜로운 사람은 작은 것에도 만족할 줄 안다. 그들은 자신이 가진 것을 소중히 여기고 그 안에서 행복을 발견하므로 하루하루가 즐겁다.

내가 가진 것과 다른 사람이 갖지 못한 것을 비교하다 보면 인생은 훨씬 행복해진다. 그러나 내가 갖지 못한 것과 다른 사람이 가진 것을 비교하다 보면 스스로 불행한 사람이라 느끼게 되고 사는 게 점점 괴로워진다. 다른 사람들이 무엇을 가졌든, 무슨 일을 하든 상관하지 말고 자신이 가진 것을 소중히 지키고 그 안에서 행복을 발견하려 노력해야 한다.

완벽을 추구하다 보면
진짜 아름다운 것을 놓친다

　사람들은 무엇이든 완벽한 것을 좋아한다. 그래서 어떤 사람은 완벽을 추구하기 위해 일생을 바친다. 어떤 일에 완벽을 추구하다 보면 스스로를 끊임없이 단련하게 되고, 이로써 능력이 향상되니 긍정적인 일이라고 할 수 있다. 그러나 지나치게 완벽하려고 하는 것은 일종의 병이다. 이때의 완벽은 사람을 진창에 빠뜨리고 좌절시키는 괴로운 함정일 뿐이다.

　어떤 것이든 저만의 한계가 있는 법이다. 내가 원하는 이상적인 결과를 얻지 못했다고 계속 억지로 붙들고 있으면 훗날 본래의 취지와는 상관없이 괴로움만 늘어날 것이다. 세상 모든 만물은 각자의 멋이 있고 때로는 조금 모자라고 부족해서 더 아름다울 때가 있다.

누군가는 완벽주의가 인생을 열심히 살고자 하는 긍정적이고 적극적인 행위라고 말한다. 그러나 지나친 완벽주의는 오히려 인생의 즐거움을 해친다. 완벽에 대한 집착이 두 눈을 가려 눈앞의 아름다움을 보지 못하기 때문이다. 또 완벽을 지나치게 추구하면 인생이 피곤해진다. 어떤 일은 아무리 노력해도 완벽에 가까워질 수 없는 것들이 있는데, 이때 완벽에 집착하다 보면 자신의 능력을 의심하게 되고 세상에 대한 원망이 늘어난다.

한 할아버지가 독신을 추구하며 세계 곳곳을 여행했다. 그는 가장 완벽한 신붓감을 찾고 있었다. 내가 물었다.
"그렇게 오랜 세월 동안 많은 곳을 다녔으면서 완벽한 짝을 발견하지 못하셨단 말이에요?"
"완벽한 여자를 만난 적이 있지. 딱 한 번 있었네."
"그런데 왜 그분과 결혼하지 않으셨어요?"
할아버지가 한숨을 쉬며 말했다.
"그 여자도 완벽한 남자를 찾고 있는 중이라더군."

할아버지가 그 나이를 먹도록 제 짝을 찾지 못한 이유는 완벽을 지나치게 추구했기 때문이다. 할아버지는 완벽한 것을 고집하느라 결혼했더라면 누릴 수 있었던 아름다운 것들을 모두 놓치고 말았다. 할아버지는 세상에 완벽한 사람은 없으며 인생에 완벽한 결말도 있을 수 없음을 알지 못한 것이다. 완벽을 추구하는 사람들은 완벽하지 않은 것들을 대수롭지 않게 여기고 넘기기 때문에 많은 기회를 놓친다. 그러므로 어떤 일을 하던 현실적인 목표를 두고 시작해야 한다.

살면서 자질구레한 일에 집착하지 않고 지나친 완벽을 추구하지 않는다면 인생을 조금 더 가벼운 마음으로 살 수 있다. 완벽주의자들은 무슨 일이든 완벽한 목표를 세워두고 모든 일을 완벽하게 해내려 애쓴다. 그러다 원했던 결과가 나오지 않으면 실망하고 자책하며 자신의 가능성을 부정하기까지 한다. 이렇게 되면 완벽주의에 스스로 구속당한 셈이 된다. 과연 이러한 인생이 행복할까?

세상에 모든 면에서 완벽한 사람은 없고 완벽한 인생도 없다. 완벽을 지나치게 추구하는 사람들은 자신의 목표를 이루기 위해 스스로를 속박하고 괴롭힌다. 하지만 가만히 생각해보면 세상 모든 것이 완벽하다면 왜 그렇게 많은 사람이 불공평하다고 원망을 터뜨리겠는가?

완벽주의자들은 한 치의 실수도 없이 모든 일을 완벽하게 끝내고 싶어 한다. 그래서 일단 작은 실수라도 하거나 제대로 완성하지 못하면 자책하고 괴로워한다. 그러나 굳이 이렇게 살 필요가 있을까? 완벽이라는 것은 도달할 수 없는 목표다. 자신이 만족할 수만 있다면 완벽하지 않아도 충분히 즐겁고 행복할 수 있다.

우리는 자신의 노력에 박수를 쳐줄 수 있는 사람이 되어야 한다. 아주 작은 성과라도 스스로 만족하고 격려해줄 수 있어야만 성취감을 느낄 수 있다. 삶의 완벽하지 않은 부분까지도 너그러운 마음으로 바라보고 받아들인다면 훨씬 더 가벼운 마음으로 인생을 즐길 수 있을 것이다.

지나친 욕망을
통제하라

　　탐욕스러운 이들은 종종 인생의 단순한 원리를 깨닫지 못할 때가 있다. 예를 들어 도박꾼들이 모여 도박을 하면 누군가는 이겨서 돈을 따고 누군가는 져서 돈을 잃게 된다. 그 어떤 도박도 모든 사람이 돈을 딸 수는 없다. 그러나 TV 드라마나 혹은 실제로 도박장에 가서 보면 이긴 사람도 진 사람도 선뜻 자리에서 일어나지 않는다. 이긴 사람은 더 많이 따기 위해서, 진 사람은 잃은 돈을 만회하기 위해서다. 하지만 그렇게 계속 욕심을 부리면 이긴 사람은 돈을 다시 잃게 되고, 진 사람은 더 많은 돈을 잃을 뿐이다.

진나라 재상 이사(李斯)는 한때 정국을 좌지우지할 만큼 영향력이 대단했으나 훗날 죄인으로 몰려 처형당했다. 그는 처형되기 직전 어린 아들에게 말했다.

"너와 함께 우리 집 누렁이를 데리고 저 동문을 지나 산에 올라가 토끼들을 쫓으며 놀 수만 있다면 얼마나 좋을까?"

그가 마지막으로 간절히 바랐던 일은 이처럼 평범하기 그지없는 일상이었다. 하지만 그 사실을 너무 늦게 깨달은 것이다.

두목(杜牧)의 산문 〈아방궁의 부〉는 아방궁의 건설과 몰락을 묘사하며 진나라 통치자의 교만과 사치를 생동감 있게 서술했다.

진시황은 천하를 통일하고 중국 제일의 황제가 되었다. 한 나라에서 최고의 권력을 가진 황제가 되었으면 만족할 법도 한데 진시황의 욕심은 끝이 없었다. 그는 사리사욕을 채우기 위해 수도 근처에 아방궁과 여산묘를 지었는데, 여기에만 70만 명의 인력이 동원되었다. 기록에 따르면 아방궁 전전(前殿)의 너비는 700미터가 넘었고 칼을 가진 자가 문을 통과해 황제에게 가는 것을 막기 위해 자석을 쌓아 문을 만들었다. 이뿐만 아니라 진시황은 수도인 함양 주위에 270여 개의 궁을 세웠고 성 밖으로도 400여 개의 행궁을 세웠다.

이 많은 궁전을 지으려면 당연히 수많은 인력과 돈이 필요했다.

어림잡아 계산해도 당시 동원된 인력만 200만 명이 넘었을 것이다. 여기에 방대한 공사비와 군사비가 들어가다 보니 백성들은 피땀 흘려 일해도 식량과 의복이 늘 부족했다. 이처럼 진시황과 그 후대의 사치로 말미암아 영원할 것만 같던 진나라의 위세는 불과 15년밖에 지속되지 못했다.

지혜롭고 현명한 사람은 공명과 관록이 지나가는 구름과 같고 명예와 재물은 그 사람을 꾸며주는 장식에 불과함을 안다. 그런데도 세상 사람들은 명예와 재물에 마음을 두고 자신이 원하는 것을 얻기 위해 그 어떤 행동도 마다하지 않는다. 사회적 대의와 진보를 위해 피 흘리며 싸우는 것은 정상적이고 합리적인 욕망이다. 그러나 개인의 부와 명예를 얻기 위한 욕망은 인생에 불필요한 잡초들을 길러내 유익한 과실마저 상하게 하고 만다. 따라서 이러한 욕망은 신중한 태도로 통제해야 한다.

사람이 무언가를 추구한다는 것은 건강하고 긍정적인 현상이며 합리적 욕망은 인성의 자연스러운 일부분이다. 그러나 사람의 객관적인 수요에는 한계가 있고, 욕망은 가만 놔두면 한없이 부풀어 오른다. 욕망이 한 생명의 한계를 넘어 끝없이 뻗어간다면 그때는 자연스러운 것을 벗어난 것이니 적절한 통제가 필요하다.

현실에 부합하지 않은 지나친 욕망을 적절히 통제하는 법을 배우지 않으면 범람하는 욕망으로 말미암아 점점 탐욕스러운 사람으로 변해간다. 그러면 모든 것을 손에 넣고, 모든 것을 정복하려고 해도 뜻대로 되지 않을 때가 많을 것이다.

누구나 욕망이 있다. 득도한 승려도 마찬가지다. 하지만 욕망을 제대로 이해하고 제어할 사람은 많지 않다. 사람의 욕망과 현실 사이에는 엄청난 차이가 존재하며 현실이 욕망을 뛰어넘기란 거의 불가능하다.

인생에서 부와 명예는 잠시 곁에 머물다 가는 부질없는 것들이다. 진정한 욕망의 만족은 내면에서 채워지는 것이다. 우리가 얼마나 많은 것에 만족하며 살지는 어떤 마음가짐을 가지느냐에 따라 달라진다.

허영심은
물질적인 탐욕보다 위험하다

나무에는 껍질이 필요하고 사람에게는 체면이 필요하다는 말이 있다. 적당히 체면을 지키는 것이 좋다. 그러나 체면을 세울 때는 정도를 지켜야 한다. 일부 자존심 강한 사람들은 자신의 능력으로 감당할 수 없는 일도 체면 때문에 강행하기도 한다.

체면을 중시하는 사람들은 대부분 높은 자리에서 영향력을 행사한다. 그들은 남들보다 성취욕이 강하고 대중 앞에서 자신의 힘을 과시하기 좋아한다. 그들은 자신의 부족한 점을 발견하면 그것을 받아들이고 고치려 하기보다는 서둘러 다른 것으로 무마하고 숨기기에 급급하다. 자신의 체면을 지키려고 가짜 체면을 내세우는 것이다. 심지어 체면을 지키기 위해 권력을 이용하여 타인에게 해를 끼치기도 한다. 과연 이렇게까지 체면을 지키는 일이 올바른 것일까?

당나라 시인 송지문(宋之問)의 사위 유희이(劉希夷)는 장인 못지않게 재능이 많은 시인이었다. 어느 날 유희이가 '백발 노인의 슬픔을 대신해 읊다(代悲白頭翁)'라는 제목의 시를 지어 송지문에게 보여주며 조언을 구했다. 송지문은 '옛사람 한 번 가면 낙양성 동쪽으로 다시 못 오고, 지금 사람들이 바람에 지는 꽃을 보나니, 해마다 피는 꽃은 똑같지만 해마다 꽃구경하는 사람은 그 사람이 아니어라'라는 구절에서 큰 감명을 받았다. 그는 유희이에게 이 시를 다른 사람에게 보여준 적이 있느냐고 물었다. 유희이는 방금 시를 완성했기 때문에 다른 사람에게 보여주지 않았다고 대답했다. 송지문은 '해마다 피는 꽃은 똑같지만 해마다 꽃구경하는 사람은 그 사람이 아니어라'라는 구절이 특히 마음에 들어 유희이에게 그 문장을 자신에게 양보할 수 없겠느냐고 물었다. 유희이는 그 문장이야말로 이 시의 핵심을 담고 있는 구절이라 양보할 수 없다며 장인의 부탁을 거절했다.

그날 밤 송지문은 그 문장을 생각하며 잠을 이루지 못했다. 그는 만약 유희이의 시를 자신의 작품이라고 속여 내놓는다면 세상 사람들이 감탄하는 것은 물론이요, 황제로부터 인정을 받고 세

세대대로 이름을 남길 수 있을 것 같았다. 결국 그는 나쁜 마음을 먹고 집안의 하인을 시켜 유희이를 죽여버렸다.

송지문이 자신의 명성을 위해서 사위를 죽인 사건은 허영심 많고 체면을 중시하는 사람들의 심리가 얼마나 왜곡되어 있는지를 보여준다. 체면을 중시하는 사람이 돈을 좋아하는 사람보다 더 무섭다고 하지 않던가?

만약 조직을 이끌어가야 하는 리더가 송지문처럼 허영심 많고 체면을 중시하는 사람이라면 사업상의 성취를 이루기보다는 개인의 명예 때문에 조직 전체를 잘못된 방향으로 이끌지도 모른다.

남들의 인정과 존중을 받고 싶어 하는 것은 당연한 일이다. 그러나 이를 위해 무분별하게 자신을 부풀리다 보면 언젠가 펑 터져버려 돌이킬 수 없는 결과를 초래할 수 있다. 특히 지위가 높고 영향력 있는 인사라면 그가 속한 조직 전체의 발전에 해를 끼치게 된다.

사회에서 생존하려면 체면을 완전히 내려놓을 수는 없다. 다만, 현명한 사람은 체면을 차릴 때 자신의 능력과 신분을 드러내면서도 타인의 불만을 일으키지 않는 적정선을 지킬 줄 안다. 조직을 이끌어가는 리더이든 평범한 조직원이든 지나치게 체면을 중시하는 것은 우리가 경계하고 지양해야 할 태도다.

선택의 여지가 많을수록
괴로움이 커진다

선택할 수 있는 것이 하나밖에 없을 때는 마음이 편안하고 즐겁지만, 선택의 폭이 넓어지면 마음이 괴로워진다. 이는 어떤 선택을 할 때 무엇을 얻고 무엇을 잃을지에 대해 고민하게 되기 때문이다. 이와 관련해 지셴린은 말했다.

"인생은 단순할수록 좋다. 선택의 여지가 많을수록 고통은 커질 뿐이다. 그러므로 어떤 일을 할 때는 한 가지 목표만 세워놓고 그것에 매진해야 한다."

무슨 일을 하든 한 가지 목표를 추구해야 현재 내가 하는 일에 집중할 수 있고 수많은 선택으로 말미암은 고통과 번뇌를 줄일 수 있다.

행동심리학자들은 사람의 행위가 어떤 특정 원인의 지배를 받기보다 자신이 세워놓은 인생의 목표와 목적의 지배를 더 많이 받는다고 본다. 목표를 달성하는 과정에서 여러 선택에 직면하게 되는데, 어떤 선택을 하느냐에 따라 결과가 크게 달라진다. 그래서 더 완벽한 결과를 위해 선택 앞에서 고민하고 망설이다 보니 저절로 괴로움이 생겨나고 혼란스러운 상태에 빠지는 것이다.

이처럼 고통스럽고 혼란스러운 상태에서 벗어나려면 과감히 포기하는 용기가 필요하다. 즉, 우리 마음을 혼란스럽게 만드는 '더 많은 선택'을 버리고 인생을 단순하게 살려고 노력해야 한다.

한 시인이 있었다. 그는 평생을 이곳저곳 떠돌아다니며 길 위에서 잠을 자기도 하고 기차 안이나 여관에서 밤을 보내기도 했다. 그가 집을 살 능력이 없어 떠돌아다니는 것은 아니었다. 이것은 그저 그가 선택한 삶의 방식일 뿐이었다.

나중에 시인이 나이가 들고 힘이 없어지자 나라에서는 그동안 문화예술 발전에 힘써준 대가로 그에게 무료로 집을 한 채 제공해주기로 했다. 그러나 그는 이러한 호의를 거절했다. 자신의 인생에 너무 많은 선택이 생기는 것을 원치 않으며 집과 같은 물질적인 것에 힘을 소모하고 싶지 않다는 이유에서였다. 그렇게 그는 길 위에서 여생을 보냈다.

시인이 죽고 난 후 그의 친구가 유품을 정리했다. 시인의 전 재산은 글을 쓸 때 필요한 종이와 펜 그리고 옷 몇 벌이 전부였다. 시인이 남긴 물건들은 이처럼 간소했지만, 아름다운 시와 수필 작품 등 엄청난 정신적 문화유산을 남겼다.

시인은 물질적인 것들을 누리기를 과감히 포기하고 대신 단순한 삶의 방식을 선택했다. 그 덕분에 그는 정신적으로 더 풍부한 삶을 살 수 있었고, 문화예술 발전에 공헌할 수 있었다. 시인은 불필요한 간섭과 욕망으로부터 자유로웠고 순수한 삶을 즐겼다.

행복하고 즐거운 인생을 살고 싶다면 너무 많은 선택을 짊어지지 말아야 한다. 인생을 간소화하고 단순하게 사는 법을 배워야만 수많은 선택 앞에서 우왕좌왕하지 않는다.

니체는 말했다.

"한 가지 목표만 선택하고 다른 것을 탐하지 않는다면 당신은 행운아다."

컴퓨터에 너무 많은 소프트웨어를 설치하면 속도가 점점 느려지고, 스팸 메일 등을 자주 정리하지 않으면 프로그램이 자주 다운되거나 완전히 멈춰버린다. 그래서 정기적으로 소프트웨어를 정리하고 필요 없는 문서들을 휴지통에 버리는 작업이 필요하다. 우리 인생도 마찬가지다.

멈춰야 할 때를
알아야 한다

　욕망 때문에 우리 인생은 고통스럽기도 하고 행복하기도 하다. 사실, 욕망은 화산과 같아서 스스로 통제하지 못하면 자기 자신뿐만 아니라 다른 사람에게도 해를 끼친다. 살면서 가장 중요한 일은 자신의 욕망을 억제하고 멈춰야 할 때 멈추는 것이다. 그래야만 인생이 행복과 즐거움으로 충만해진다.

　즐거움은 언제나 우리 곁에 있고 마음만 먹으면 매일 발견할 수 있다. 그러나 탐욕스러운 사람의 눈에는 즐거움이 아주 먼 곳에 있는 것처럼 보인다. 그들은 즐거움을 얻으려고 애쓰지만 괴로움만 늘어날 뿐이다.

　즐거움을 느끼지 못하는 사람은 아무리 많은 것을 가졌다고 해도 즐거울 수 없다. 즐거움은 지금 내게 있는 모든 것을 소중히 여길 때 찾아온다. 사람의 욕망은 끝이 없어서 끊임없이 무언가를 추구한다. 많은 이가 돈이 많아지면 행복해질 거라고 생각한다. 그러나 돈이 많다고 누구나 행복해지는 것은 아니다. 오히려 돈은 행복이 들어오지 못하게 가로막는 자물쇠 같은 존재다. 행복하고 즐거워지는 방법은 자물쇠를 풀고 나 자신을 자유롭게 풀어주는 것이다. 욕망은 우리 인생에 영원한 짐일 뿐이다.

제임스는 아주 가난하게 살았다. 그는 마차를 타고 다니는 부자들이 너무나 부러웠다. 그는 생각했다.

'부자가 되면 나도 행복해질 수 있을 거야.'

어느 날 제임스에게 커다란 행운이 찾아왔다. 길을 걷다가 보석이 가득 든 주머니를 발견한다. 제임스는 처음에는 보석을 자신이 가지려다가 마음을 고쳐먹고 주인을 찾아주기로 했다. 그는 그 자리에서 이틀을 기다려 드디어 보석의 주인을 찾게 되었다. 보석 주인은 제임스의 선의에 감동해 주머니 속 보석의 절반을 그에게 선물로 주려고 했다. 그러나 제임스는 보석을 받지 않았다.

"이 보석은 받지 않겠습니다. 저는 제 힘으로 일을 해서 돈을 벌고 싶습니다."

"나는 보석을 사고파는 사람이오. 이 보석을 받지 않겠다면 나와 함께 사업을 해보지 않겠소?"

제임스는 보석 상인과 사업을 시작해 많은 돈을 벌었고 금세 부자가 되었다. 그는 돈을 더 많이 벌기 위해 여러 개의 가게를 동시에 운영했고 불과 몇 년 만에 보석계의 거물이 되었다. 그는 그토록 원하던 상류사회에 입성했고, 매일 저녁 파티와 연회를 즐겼다. 그는 연회장에서 사람들을 만나면 즐겁게 이야기를 나누었지만, 그들이 모두 떠나고 나면 왠지 우울한 기분이 들었다. 제임스는 한 아가씨와 결혼을 했는데 그녀는 오로지 그의 돈을 보고 결혼한 것이었다. 그의 보석 가게에 강도가 들기도 했는데 그날 이후 그는 재산을 잃을까 봐 전전긍긍했다.

욕망은 우리 마음속 깊은 곳에 숨어 있는 바이러스다. 이 바이러스는 사람이 만족할 줄 모르고 의지가 약해질 때마다 급속히 번식해서 몸과 마음을 병들게 한다. 욕망이 지나치면 즐거움을 발견하지 못한다. 그러므로 즐겁고 행복하게 살기 위해서는 욕망을 내려놓을 수 있어야 한다. 자신의 욕망을 적절히 제어하지 못하면 지나친 욕망들로 말미암아 영혼이 침식당하고 만다.

우리는 태어날 때 각자의 바구니를 들고 세상에 온다. 그리고 자라면서 이 바구니에 돌들을 채워 넣는다. 그런데 처음 한두 개를 넣을 때는 즐겁지만 시간이 흐를수록 바구니는 무거워진다. 인생이 즐거우려면 바구니에 돌을 적당히 담고, 너무 많이 담았다면 내려놓을 줄도 알아야 한다.

10

용감하게 시도하는 사람만이
성공할 수 있다

: 나약함을 극복하고 인생의 정상에 올라라

CONTENTS

세상에 대한 두려움이
나약함을 키운다

　　소심하고 나약한 사람이 세상에 대한 두려움 때문에
자신이 편안하게 생각하는 안전구역으로 자꾸만 숨어든다. 하
지만 계속 그렇게 숨기만 하면 자신의 능력을 증명할 기회를
얻지 못하고 나약함만 더 커진다. 안전구역에서 벗어나 용감하
게 도전하고 행동하는 사람만이 자신을 더욱 강하게 단련할 수
있다.

　　카네기는 말했다.

　　"이 세상에서 적극적으로 행동하지 않는 것만큼 불행한
일은 없다."

　　행동하지 않으면 아무것도 변하지 않는다. 안전구역에서 벗

어나 용감히 도전하는 아주 작은 변화가 거대한 위력을 발휘하고 인생을 완전히 바꾸어놓을 수도 있다.

프랑스의 유명 작가 뒤마는 젊은 시절 파리에 살았는데, 생계가 어려워 일자리를 구하러 다녔다. 그는 아버지의 친구에게 일자리를 부탁했다. 아버지 친구는 그가 무엇을 잘하는지 알아보려고 이렇게 물었다.

"자네, 수학에 대해 잘 아는가?"

뒤마가 고개를 저었다. 아버지 친구는 이과 계통은 그의 장기가 아니라고 생각해 다시 물었다.

"그럼 역사와 지리에 관해서는 잘 아는가?"

뒤마는 이번에도 고개를 저었다.

"그럼 법률 지식은 있는가?"

아버지의 친구가 다시 물었지만, 이번에도 뒤마는 고개를 저을 뿐이었다. 계속되는 질문에 뒤마는 결국 자신이 할 줄 아는 게 아무것도 없다고 말했다. 그는 부끄러운 마음에 고개를 푹 숙였다.

아버지 친구는 뒤마에게 주소를 하나 적어놓고 가면 나중에 연락을 주겠노라고 말했다. 뒤마가 주소를 적어놓고 돌아가려는데 아버지 친구가 큰 소리로 말했다.

"자네 글씨를 보니 글을 아주 잘 쓰게 생겼군. 분명 그 방면에 소질이 있을 걸세. 그러니 섣불리 일을 찾지 말고 자네가 잘하는 걸 한번 해보게. 언젠가 크게 성공할 거야."

뒤마는 그 말에 큰 용기를 얻어 소설을 쓰기 시작했다. 그리고 몇 년 후 그는 훌륭한 작품들을 연달아 발표하며 프랑스뿐만 아니라 세계적으로 유명한 작가가 되었다.

열등감에 시달리던 뒤마는 자신이 할 줄 아는 게 아무것도 없다고 생각했다. 그의 목표는 그저 아무 일자리나 구해 생계를 꾸리고 심리적 안전구역에 조용히 숨어 있는 것이었다. 열등감에 시달리는 사람 대부분은 마음에 큰 포부가 없고 현실에 안주하기를 좋아하며 쉬운 일만 하려고 한다. 만약 뒤마가 아버지 친구의 격려에도 심리적 안전구역에서 벗어나지 못했다면 이 세상에 훌륭한 작가는 한 명 줄고 열등감에 시달리는 실패자는 한 명 늘어났을 것이다.

영화 〈포레스트 검프〉에 이런 대사가 나온다.

"인생은 초콜릿 상자 같은 거야. 열기 전까지는 무엇을 집을지 알 수 없거든."

인생은 수많은 불확실성으로 가득하다. 두려움을 극복하고 용기 있게 도전하는 사람만이 진정한 행복을 누릴 수 있다.

넘어졌을 때 중요한 것은
다시 일어나는 것이다

스케이트를 아주 잘 타는 아이가 있었다. 한 어른이 그 아이에게 스케이트를 잘 타게 된 비결이 무엇이냐고 물었다. 그러자 아이가 대답했다.

"넘어졌을 때 다시 일어나기만 하면 돼요!"

어린아이도 이해하는 이 단순한 원리를 어른들은 자주 잊는다.

살다 보면 좌절하고 상처받는 일이 반드시 생긴다. 그러나 이러한 상처를 통해 자신에게 어떤 점이 부족한지 알게 되고 보완해 더 멀리 나아갈 수 있다.

어떤 사람의 역량을 평가할 가장 좋은 방법은 그가 역경을 어떻게 헤쳐가는지 보는 것이다. 실패보다 더 두려운 것은 실패를 직시하지 못하는 것이다. 물론 실패와 좌절이 닥친 그 순간에는 눈앞이 빙글빙글 돌고 사람들의 비웃음만 귓가에 맴돌 것이다. 그 순간에는 모든 것을 포기하고 싶을 것이다. 그러나 이를 악물고 다시 일어서면 사람들의 비웃음은 더 이상 들리지 않고 싸움을 계속할 수 있다.

할리우드의 대표적 액션 스타 실베스터 스탤론. 젊은 시절의 그는 할리우드에서 엑스트라나 하는 무명 배우였고 하루에 고작 1달러 정도밖에 벌지 못할 때가 많았다. 그는 생계를 꾸려가기 위해 권투 선수들의 연습 파트너 아르바이트를 했고 그의 얼굴은 늘 퉁퉁 붓고 입술이 터져 있었다. 나중에 그는 영화배우의 꿈을 안고 수많은 영화 제작사를 상대로 이력서를 건네며 자신을 소개했다. 그는 무려 1,850회나 거절을 당했지만 절대 포기하지 않았다. 그리고 드디어 영화 〈록키〉에 출연하면서 그의 인생은 완전히 달라졌다. 〈록키〉의 각본은 실베스터 스탤론이 직접 쓴 것이었는데, 주인공의 이야기가 곧 자기 자신의 이야기였다. 영화는 상영 후 크게 흥행했고 주인공 록키는 '불굴의 정신'을 상징하는 인물이 되었다.

큰 사업이든 좋아하는 이성을 쫓아다니든 성공하기 위해서는 불굴의 정신이 필요하다. 무슨 일이든 성공하기 위해서는 아주 많은 노력을 쏟아부어야 한다. 도전 횟수가 많을수록 실패 횟수도 많아진다. 하지만 실패 횟수가 많을수록 성공의 기회도 많아진다. 그러니 성공의 가능성을 높이려면 계속 도전하고 실패해야 한다. 한 번 실패할 때마다 성공의 희망도 늘어날 것이다.

축구에서도 골이 들어가려면 유효 슈팅이 많아야 한다. 모든 슈팅이 성공하는 것은 아니지만 공이 골대를 향할 때마다 성공의 확률은 점점 높아진다.

세계적인 부호 록펠러도 "성공하기 위해서는 모든 실패를 견뎌내야 한다"라고 말했다.

영화 〈적벽〉에서 유비는 전투에서 패배한 후 이렇게 말했다.

"나는 평생을 전쟁터에서 살았네. 이 정도 패배는 아무것도 아니라네."

그렇다. 실패는 사실 아무것도 아니다. 살아 있기만 하다면 승리의 희망은 어디에든 있다.

성공의 비결은 특별하지 않다. 성공하는 사람들에게 특별한 재능이 있는 것은 아니다. 그들은 다만 다른 사람보다 실패와 좌절을 극복하는 능력이 뛰어날 뿐이다. 넘어지면 다시 일어서는 것! 많은 사람이 그토록 알고 싶어 하는 성공 비결은 사실 이처럼 간단하다.

진주를 캐는 사람이
악어를 두려워하면
아름다운 진주를
손에 넣을 수 없다

　　의지가 부족하고 사고방식이 부정적인 사람은 인생
에 찾아온 시련에 쉽게 무너진다. 어떤 사람은 평소에 기회가 없
다고 불평하다가 진짜 기회가 찾아오면 갑자기 나약한 모습을
보이며 뒤로 물러난다. 의지가 약한 사람들은 무슨 일이든 일단
불가능하다고 생각한다. 페르시아의 시인 사디는 말했다.
　"진주를 캐는 사람이 악어가 두려워 물에 들어가지 않으
면 아름다운 진주를 손에 넣을 수 없다."
　사람은 일단 두려움에 휩싸이면 앞에 무엇이 있는지 보지 못
한다. 그래서 나약한 사람들은 기회를 많이 놓친다. 성공할 수
없을 거라는 두려움에 아무것도 시도하지 못하면 시작도 전에

306

실패한 것이나 마찬가지다.

사실, 성공의 기회는 생각보다 많다. 그러나 많은 사람이 지레 겁을 먹고 시도조차 해보지 않아 기회를 놓친다. 성공한 사람과 실패한 사람의 차이는 기회를 용기 있게 잡았느냐 잡지 못했느냐에 있다. 마음속 두려움을 깨고 용감하게 나아가면 성공의 문이 굳게 잠겨 있지 않았다는 사실을 깨달을 것이다.

일본의 보험 세일즈맨 하라 잇페이는 기회가 다가왔을 때 용감하게 기회를 잡아 일본 세일즈계의 살아 있는 신화가 되었다. 그는 보험 회사에 막 입사했을 때 고객들을 끌어모을 계획을 세우고 아침 일찍 이사장실을 찾아갔다. 그러나 잠시 자리를 비웠던 이사장은 두 시간이 넘도록 돌아오지 않았고 소파에 앉아 기다리던 하라 잇페이는 깜박 잠이 들었다. 얼마 후 누군가 그를 흔들어 깨워 눈을 떠보니 쿠시다 이사장이 앞에 있었다.

"나를 무슨 일로 만나자고 했나?"

쿠시다 이사장이의 물음에 하라 잇페이는 순간 당황해 준비했던 모든 말을 순간 잊어버리고 말았다.

"저, 저는 메이지 보험사의 하라 잇페이라고 합니다."

"그래서 자네는 무슨 일로 나를 찾아왔는가?"

"니시 이사장님께서 추천서를 써주실 수 있나 해서요."

"그깟 보험 때문에 나를 찾아왔단 말인가?"

하라 잇페이는 상대가 누구든 잘못되었다고 생각하는 일에 대해서는 자기 입장을 똑똑히 밝히는 사람이었다. 그는 이사장의 말에 곧장 반격을 가했다.

"정말 어이가 없군요! 보험을 무시하다니! 그러고도 당신이 이 회사의 이사장이라고 할 수 있습니까?"

쿠시다 이사장이 당황하며 한 걸음 뒤로 물러섰다. 하라 잇페이가 계속 말을 이었다.

"회사에서 보험 판매는 신성한 일이라고 배웠습니다. 그런데 회사를 대표한다는 분이 그깟 보험이라고 말씀하다니요! 당장 다른 직원들에게도 사실을 알려야겠습니다!"

그는 씩씩거리며 이사장실을 나갔다. 그 일이 있고 얼마 후 쿠시다 이사장이 하라 잇페이를 집으로 불렀다. 이사장은 그를 두 팔 벌려 환영했고 백화점에 데려가 말끔한 정장과 구두를 선물했다. 그리고 그에게 필요한 고객들을 직접 소개시켜주었다. 하라 잇페이는 무거운 책임감을 느껴 더욱 열심히 일했고 무려 15년 동안 보험 판매왕의 자리를 지켰다.

하라 잇페이의 성공 요인은 바로 용기 있는 행동이었다. 만약 그가 자신의 안위를 걱정해 뒤로 물러났다면 보험업계의 살아 있는 신화가 되는 일은 없었을 것이다. 그는 주저하지 않고 용감하게 도전한 덕분에 성공할 수 있었다.

기회가 중요하다는 것은 누구나 알지만 때때로 두려움 때문에 성공의 기회를 놓치기도 한다. 사람들은 자신의 과거를 돌아보며 탄식한다.

"그때 그 기회만 놓치지 않았어도 지금 큰 인물이 되어 있을 텐데!"

만약 그때 그 기회를 놓치지 않았다면 우리는 지금보다 훨씬 훌륭한 사람이 되어 있을 것이다. 기회가 눈앞에 있는데도 단지 두렵다는 이유로 포기한다면 평생 후회할 것이다.

기회는 누구에게나 공평하게 돌아간다. 그러나 두려움을 극복하고 강한 의지를 가진 사람만이 그 기회를 잡을 수 있다.

용기는
인생의 날개다

우리가 살면서 겪는 고통의 대부분은 사실 용기 부족에서 비롯된 것이다. 용기를 가지려면 먼저 나약함을 극복하고 쉽게 굴복하지 않는 의지를 다져야 한다. 나약함은 실패를 부르고 용기는 성공으로 이끈다. 그런데 나약함과 용기는 동시에 존재한다. 그래서 용기를 발휘해야 하는 순간에 나약함이 동시에 나서서 훼방을 놓고 결정을 방해한다. 이 두 가지 성격이 동시에 나타날 때는 과연 둘 중 어느 쪽이 이기는지 지켜봐야 한다. 긍정적이고 적극적인 쪽이 이긴다면 인생은 성공으로 향할 것이고, 어둡고 부정적인 쪽이 이긴다면 실패의 길로 들어설 것이다.

외나무다리에서 적을 만나면 용기 있는 자가 승리한다. 용기 있는 사람은 시련과 도전을 두려워하지 않기에 성공한다. 지혜와 용기는 인생에서 가장 중요한 덕목이다. 지혜로운 사람이 반드시 용기 있는 것은 아니지만, 지혜롭지 않은 사람은 용기가 없거나 무모한 용기를 갖는다.

아인슈타인은 용기에 대해 이렇게 말했다.

"용기는 하늘을 날아오를 수 있게 날개를 달아주지만, 나약함은 인생을 지옥으로 이끌고 간다."

사람을 바꿀 수 있는 것은 용기밖에 없다. 용기가 필요한 순간에 나약함을 극복하고 과감한 선택을 할 수 있어야 인생에 후회가 남지 않는다. 윈스턴 처칠은 사람에게 가장 중요한 덕목으로 용기를 꼽았다. 용기가 있으면 인생에 닥친 시련을 극복할 힘이 생기고, 용기가 없으면 평생 탁상공론만 하는 공상가가 될 것이다.

진나라 말, 세상은 온통 혼란에 휩싸여 있었다. 하지만 그 덕분에 많은 영웅이 탄생하였다. 이때 일어난 수많은 전투 중 가장 인상 깊은 것은 바로 항우의 거록(巨鹿)전투다.

당시 진나라 군대가 조왕(趙王)을 거록에 포위하고 있었고, 조왕은 초회왕(楚懷王)에게 구원 요청을 했다. 그러나 진나라 군대가 워낙 기세등등한지라 아무도 선뜻 나서지 못했다. 이 일로 초회왕이 근심에 빠져 있을 때 항우가 진나라 군대를 상대하겠다고 나섰다. 초회왕은 크게 기뻐하며 항우를 상장군에 임명했다.

항우는 2만 군대를 선발대로 보내 진나라 군대의 식량줄을 끊었다. 그런 다음 주력군을 이끌고 강을 건넜다. 항우는 강을 건너기 직전 병사들에게 사흘 분량의 식량만 챙기도록 한 다음 밥을 짓는 솥이며 집기들을 모두 부수었고, 강을 건넌 다음에는 배를 침몰시켰다.

항우가 병사들에게 말했다.

"이번 전투에 후퇴란 없다. 우리는 사흘 안에 진군을 물리칠 것이다!"

항우의 용기는 병사들의 사기를 높였고 아홉 번에 걸친 진군과의 치열한 전투 끝에 진군의 수장 왕리(王离)를 생포했다. 나머지 진군 병사들은 대부분 죽거나 도망쳤으며 이로써 거록을 포위하고 있던 진나라 군대가 완전히 해산되었다.

용기는 생각지도 못한 전투력을 불러일으킨다. 항우가 거록 전투에서 승리할 수 있었던 것은 사람들의 마음에 큰 용기를 불어넣었기 때문이다. 만약 항우에게 용기가 부족했다면 자발적으로 선발대가 되겠다 나서지 않았을 것이고, 설령 명령을 받아 거록으로 갔다 한들 승리하기는 어려웠을 것이다. 이처럼 용기는 인생의 원동력이고 때로는 기적을 창조하기도 한다. 모든 일에 용기 있게 나선다면 인생의 모든 괴로움이 사라질 것이다.

우리는 어떻게 행동해야 할지 잘 알면서도 용기가 없어 실천

하지 못할 때가 많다. 마음속 두려움과 나약함을 극복하기 위해서는 큰 용기와 신념이 필요하다.

직장생활이나 일상생활을 하다 보면 매일 다양한 선택을 하게 된다. 그런데 선택 앞에서 수많은 '만약'을 떠올리며 망설이느라 중요한 기회를 놓치고 만다. 그래서 선택할 때는 용기와 자신감이 필요하다. 용기는 나약함을 이기는 가장 좋은 방법이다. 매 순간 용기를 발휘해 끊임없이 도전하며 자신의 한계를 뛰어넘을 수 있어야 한다.

전 재산을 잃는 것보다 두려운 것은
용기를 잃는 것이다

　생명은 열악한 환경에서도 기적을 창조한다. 바위틈에서 자라는 풀꽃, 절벽에 매달린 소나무, 거친 파도 속 불가사리……. 이것들은 탄생할 때부터 이런 능력을 지녔던 것이 아니라 열악한 환경에 적응하기 위해 불가능에 도전한 결과 기적을 창조했다.

　실패와 좌절은 인생의 일부분일 뿐이다. 그러나 시련이 닥쳤을 때 용기를 발휘해 극복하지 못한다면 실패의 길목 위에 그대로 주저앉을 것이다. '용기'는 우리 인생에서 없어서는 안 될 중요한 덕목이다.

314

자신의 운명에 늘 불만을 터뜨리는 사람이 있었다. 어느 날 그의 꿈에 신이 나타나자 그가 물었다.

"어떻게 사는 것이 가장 잘 사는 것입니까?"

신이 대답했다.

"사람으로 살 거라. 그게 가장 잘 사는 것이다."

"그건 위험하지 않습니까?"

"조금 위험할 수도 있지. 경쟁에서 살아남아야 하고, 실패도 극복해야 하고, 온갖 비방과 욕설도 참아야 하고, 전염병에 걸릴 위험도 감수해야 하니까!"

"그럼 다른 걸로 할게요."

"그럼 동물로 살아보거라."

"동물로 사는 건 위험하지 않습니까?"

"그것도 조금 위험할 수 있지. 가끔 매질도 당하고, 병이 들면 도살될 수도 있으니 말이야. 심지어 희귀 동물이라면 사냥꾼에게 잡힐지도 모르니 조심해야 한단다."

"그럼 동물도 안 되겠어요. 다른 걸로 할게요. 식물로 사는 건 어떨까요?"

"식물도 때가 되면 가지를 쳐내야 하고, 약초로 쓰이기 위해 뽑히기도 하고, 동물들의 먹이가 되기도 한단다."

"그럼 아무래도 이곳이 제일 안전하겠네요. 그냥 당신 옆에 남아 있으면 안 될까요?"

신이 한숨을 내쉬었다.

"내 옆에서는 사람들의 억울한 사정도 들어줘야 하고, 너처럼 불만이 많은 사람도 달래줘야 하고……."

"그럼……."

그는 과연 어떻게 살아야 가장 편할지 고민했다. 그때 신이 주머니에서 쥐의 가죽을 꺼내 그를 감싸며 말했다.

"가거라. 네게 가장 적합한 것은 이것인 듯싶구나."

잠에서 깬 그는 쥐로 변해 있었다.

마음이 나약한 사람은 대부분 겁이 많다. 그들은 무슨 일을 하든 지나치게 신중하고 걱정이 많아 쉽게 결정을 내리지 못한다. 그러다 보면 자신이 목표한 일을 달성하지 못할 때가 많다. 그들은 조금이라도 위험한 상황에 빠지면 무조건 줄행랑을 놓는다. 이런 인생이 성공과 승리를 기대할 수 있을까?

나약함을 극복하지 못하면 성공할 수 없다. 소심하고 나약한 사람들은 어떤 일을 할 때 성과를 내지 못하고 계속 제자리에만 머물러 있다. 그들은 늘 방어 자세를 취하고 있고 기회가 다가와도 망설이다가 놓쳐버린다. 위축되고 무조건 피하는 습관은 자신을 드러낼 기회를 없애고 성공으로부터 멀어지게 만든다.

나약한 사람들은 책임을 두려워한다. 그들의 타고난 성격 때문이기도 하지만 불확실한 미래와 변화에 대한 두려움 때문일 것이다. 소심하고 걱정이 많은 사람들은 취업 면접에서도 면접자에게 인정을 받으려고 너무 많이 애쓴다. 그러나 이내 꼬리에 꼬리를 무는 걱정으로 말미암아 정작 면접에 집중하지 못한다. 이들은 나중에 입사하면 사람들에게 환영받지 못할까 봐 걱정한다. 그래서 남들의 비위에 무조건 맞춰주며 점점 자신의 입지를 약하게 만들고 결국 성공의 희망을 떠나보내곤 한다.

한 철학자가 말했다.

"재산을 잃는 것은 나의 일부분을 잃는 것이지만, 용기를 잃는 것은 나의 모든 것을 잃는 것이다."

인생은 언제나 변수가 많고 성공으로 가는 길은 녹록지 않다. 이런 힘든 여정에 소심하고 나약한 마음으로는 한 발짝도 나아갈 수 없다. 용기는 사람의 인격 중 가장 신성하고 소중한 덕목이다. 용기 있게 나아가는 진취적인 사람에게는 언제든 성공의 기회가 찾아온다.

용기 있는 사람은
두려움을 극복한다

두려움은 발걸음을 멈추게 하는 가장 큰 걸림돌이다. 사람들은 두려워서 도전하기를 주저하고 현실에 안주하려고만 한다. 즉, 두려움은 성공을 가로막는 장애물이며 무슨 일이든 겁내고 걱정하는 사람은 승리와 명예를 얻을 수 없다. 패튼 장군은 말했다.

"사람은 모두 두려움을 느낀다. 특히 똑똑한 사람일수록 더 많은 두려움을 느낀다. 용감한 사람은 이러한 두려움을 극복하고 자신이 해야 할 일을 꿋꿋이 하는 이들이다."

겁쟁이와 용자의 차이는, 겁쟁이는 두려움으로부터 도망치고 용자는 두려움을 극복한다는 것이다.

318

용기를 잃으면 모든 것을 잃게 된다. 사람은 누구나 위험 앞에서 두려움을 느낀다. 그러나 위험한 상황을 무사히 넘기기 위해서는 반드시 두려움을 극복해야 한다.

위험을 무릅쓰고 도전하는 사람만이 진정한 승리를 거둘 수 있다. 위험을 무릅쓰고 도전하는 것은 큰일을 이루는 데 꼭 필요한 역량이다. 과감히 생각하고 과감히 행동하다 보면 성공의 기회는 반드시 찾아온다.

누군가가 농부에게 밭에 보리를 심었느냐고 물었다. 농부가 대답했다.

"아니, 비가 올까 봐 걱정돼서 심지 않았소."

그 사람이 다시 물었다.

"그럼 목화를 심었소?"

농부가 대답했다.

"아니, 벌레 먹을까 봐 걱정돼서 심지 않았소."

"그럼 당신은 밭에 무엇을 심었소?"

"문제가 생기지 않도록 아무것도 심지 않았소."

위험을 두려워하는 사람에게 이 세상은 한없이 위험하다. 농부는 비가 너무 많이 와서 농사를 망칠까 봐 보리를 심지 않았고, 벌레들이 와서 모두 갉아먹을까 봐 목화를 심지 않았다. 그는 위험을 감수하지 않으려고 밭에 아무것도 심지 않았고 결국 아무런 수확도 거두지 못했다.

미국의 전 대통령 아이젠하워는 "나약함으로는 아무것도 이룰 수 없으며 반드시 강한 힘을 가져야 한다"고 말했다. 우리는 언제 어디서든 두려움을 극복할 수 있어야 한다. 두려움 극복은 자신의 가장 큰 적을 물리치는 것과 같으며 성공에 한 걸음 더 가까이 다가가는 과정이다.

용감하게 한 걸음 나아가면
꿈에 한 걸음 가까워진다

천 리 길도 한 걸음부터라는 말이 있다. 성공으로 가는 길은 순탄하지 않다. 그러나 용감하게 첫발을 내디디면 그래도 절반은 성공한 것이다. 말만 하고 실천하지 않는 공상가가 되지 않으려면 한 걸음씩 나아가야 한다. 그렇게 전진하다 보면 어느새 결승점에 도달해 있는 자신을 발견할 것이다.

세상에서 가장 먼 거리는 머리에서부터 발까지의 거리라고 한다. 사람은 자신의 미래에 대한 계획을 머릿속에 세워두지만 용감하게 첫발을 내딛지는 못한다. 그래서는 아무리 멋진 계획이더라도 절대 성공할 수 없다. 물가에 서 있기만 하는 사람은 절대 훌륭한 수영 선수가 되지 못하고, 조준만 한 채 총을 쏘지 않는 사람은 절대 훌륭한 저격수가 될 수 없으며, 다른 사람의 작품을 평가할 줄만 알고 직접 글을 쓰지 않는 사람은 절대 훌륭한 작가가 될 수 없다.

어린 새들은 나무에서 여러 번 떨어져봐야 나는 법을 배우고, 조랑말은 수없이 넘어져봐야 빠르게 질주할 수 있다. 훌륭한 지혜를 가진 사람도 그것을 실천해야 지혜로운 사람이 될 수 있다.

한 현자가 있었다. 그는 매일 허름한 옷을 입고 나무 그늘 아래서 더위를 피했다.

마을의 모든 젊은이는 현자를 찾아와 어떻게 하면 부자가 될 수 있는지 물었지만 유일하게 가장 가난한 청년만 그를 찾아오지 않았다.

현자가 말했다.

"부자가 되고 싶거든 먼저 지혜를 길러야 하네."

젊은이들은 고개를 끄덕였다. 현자가 다시 말했다.

"그뿐만 아니라 뛰어난 능력과 건강한 체력도 있어야 한다네."

젊은이들이 다시 고개를 끄덕였다.

"뛰어난 능력을 키운 다음에는 용기가 있어야 하고……."

현자는 매일 그렇게 나무 그늘 아래서 사람들과 이야기를 나눴다. 10년 후에도 현자는 허름한 옷을 입고 같은 자리에 앉아 있었다. 그런데 놀랍게도 10년 사이에 마을에서 가장 가난했던 청년은 큰 부자가 되어 있었다. 사람들은 모두 이해할 수 없었다. 유일하게 현자의 조언을 구하지 않은 그 청년이 어떻게 부자가 되었단 말인가? 지혜와 능력 그리고 용기 말고 그에게 있는 것은 대체 무엇이란 말인가? 가난했던 청년이 웃으며 말했다.

"글쎄요. 저도 제게 어떤 능력이 있는지 잘 모르겠네요. 저는 매일 빈 병과 깡통을 주워서 팔았습니다. 그렇게 돈을 모아 작은 가게를 시작했고 그 덕분에 오늘날 이렇게 부자가 되었습니다."

어떤 일들은 능력이 부족해서가 아니라 아예 시도하지 않았기 때문에 실패하는 것들도 있다. 혹은 두려움이나 게으름 때문에 성공의 첫발을 떼지 못하기도 한다. 그러나 행동은 말보다 강하며 그 어떤 도전이든 공상을 이길 수 있다.

용감하게 내디딘 첫발이 실패하고 실망스럽더라도 걱정할 필요 없다. 그것은 성공의 시작일 뿐이니까. 한 걸음 한 걸음 나아가다 보면 피와 땀을 흘려야 할 수도 있겠지만, 어쨌든 다른 사람들보다 앞서가게 된다.

인생에 어떤 목표를 세웠든 처음 한 발짝부터 시작해야 한다. 가만히 앉아서 기다리기만 하면 성공이 제 발로 찾아오겠는가? 용감하게 첫발을 내딛는 사람만이 달콤한 성공의 열매를 맛볼 수 있다.

인생에서 중요한 것은 완벽한 계획이 아니라 그것을 용기 있게 실천하는 것이다.

성공으로 가는 지름길은 없다. 꾸준히 걷지 않으면 목표한 지점에 도달할 수 없다. 남들보다 훌륭한 사람이 되고 싶다면 머릿속 계획을 지금 당장 행동으로 옮겨라.

자기계발 실천가 앤서니 라빈스는 인생의 모든 위대한 업적은 지식이 아닌 행동에서 나오는 것이라고 말했다. 성공은 얼마나 많은 것을 아느냐가 아니라 어떤 행동을 했느냐에 따라 결정된다. 어떤 꿈을 가졌든 그 꿈을 실현하려면 지금 당장 첫발을 내딛고 행동해야 한다. 그렇게 첫발을 내딛고 나면 두려움은 사라지고 비로소 인생을 변화시킬 기회가 생긴다.

인생은 도전과
모험을 통해 완성된다

　　자신감은 처음부터 타고나는 것이 아니라 도전과 경험으로 얻어지는 것이다. 그래서 위험을 무릅쓰고 모험을 즐기는 자세가 중요하다. 우리는 성장 과정에서 갖가지 모험을 한다. 아기 때는 두 발로 서서 걷는 법을 배우고, 조금 더 커서는 자전거 타는 법을 배우며, 어른이 되어서는 운전하는 법을 배운다. 이 모든 순간이 바로 도전이고 모험이다.

　우리는 이러한 모험을 통해 서서히 자신감을 키워나간다. 그런데 누군가는 용기와 모험 정신이 부족해 평생 안정적인 일만 하려 하고, 지나치게 신중하고 보수적인 태도 때문에 좋은 기회를 놓치기도 한다.

인생은 끊임없이 도전하는 과정이며 성공과 패배는 고작 선 하나 차이다. 과감히 도전하는 사람은 이 선을 넘어 성공을 향해 갈 것이고, 망설이고 주저하는 사람은 영원히 그 자리에 머물 것이다.

마이크로소프트를 세운 빌 게이츠는 자신의 성공 비결로 도전 정신을 가장 먼저 꼽았다. 그는 어떤 사업이든 도전 정신이 없으면 성공할 수 없다고 말했다. 위험 요소가 전혀 없는 기회는 도전할 가치가 없다. 위험에 도전하고 극복해가는 과정에서 사업은 한 단계 더 발전할 수 있기 때문이다.

빌 게이츠는 모험을 좋아하고 자신감이 강했다. 그 덕분에 그는 컴퓨터 업계에서 누구도 필적할 수 없는 지위를 누리게 되었다. 학생 때부터 도전 정신이 강했던 그는 하버드대학교에 입학하던 해, 최소한의 시간만 투자해서 최고의 성적을 얻는 방법을 연구하기 위해 공부전략을 세웠다. 이 전략은 나중에 비즈니스 모델에 응용되기도 했는데, 가장 적은 시간과 비용으로 가장 빠르고 많은 수익을 얻는 방법을 연구했다.

빌 게이츠는 어려서부터 도전을 두려워하지 않았고 자신감도 강했다. 어른이 된 그는 이제 수많은 경쟁 상대가 가장 두려워하는 인물이 되었다. 그는 기회를 포착하는 능력이 뛰어나고 끊임없이 도전하며 절대 쉽게 굴복하지 않았다. 그는 현실에 안주하지 않았고, 세계 제일의 부자가 된 후에도 도전을 멈추지 않았다. 그는 말했다.

"내가 가장 경계하는 것은 만족입니다. 그래서 매일 사무실에 출근할 때마다 나 자신에게 묻습니다. '우리는 여전히 최선을 다하고 있는가? 우리를 능가할 수 있는 상대는 누구인가? 우리 제품이 세상에서 가장 좋은 것인가? 더 열심히 일해서 더 좋은 결과를 낼 수는 없을까?' 하고 말이죠."

빌 게이츠는 일상에서도 모험을 좋아해서 스피드보트나 스포츠카를 즐겨 탄다. 그는 홀로 차를 몰고 황량한 사막으로 여행을 떠나기도 하고, 보트를 타고 망망대해로 나가기도 한다. 그는 이러한 취미 활동을 통해 자신의 잠재력을 깨우고 한계를 계속 뛰어넘으면서 도전 정신을 키워간다. 그는 이런 식의 자기 단련 덕분에 새로운 위험이 닥쳐도 그것을 기회로 만들며 성공 신화를 계속 이어갈 수 있었다.

위험과 수익은 정비례한다. 위험 앞에서 도전하는 사람만이 기회를 얻을 수 있다. 과감하게 생각하고 도전하는 정신은 열정적이고 자신감 넘치는 사람을 만든다. 반대로 두려움 때문에 어떤 것에도 도전하지 않는 사람은 평생 자신감을 갖지 못할뿐더러 무슨 일을 하든 별다른 진전이 없을 것이다.

살면서 모든 위험을 피해 가는 것은 불가능하다. 때로는 모험을 피하려다가 더 큰 위험을 만나기도 한다. 치열한 시장 경쟁의 체제 속에서는 용기 있는 사람만이 승리한다. 젊을수록 모험을 두려워하지 말고 도전을 통해 자신감을 키워 자기만의 멋진 인생을 만들어가자.